الكنز والتكرار التعليق على أحاديث النبي المختار

Primary English Edition & Copy for Our Higher Education

The Treasure & Repetition 1
Comments on the Narrations of the Chosen Prophet ﷺ

Authored by:

K.A.

English Version & Comments for Our Noble Students

Modular Education For Higher Madrassah Academic Development & Thinking.
The Academic *alamiyyah* Seminary Programmes & Title Certification. *Arabic Language & Theological Studies*

الكنز والتكرار

ٱلتَّعْلِيقُ عَلَى

عَلَى أَحَادِيث النَّبِي الْمُخْتَار

English Version & Comments for Our Noble Students

The Treasure & Repetition 1

Comments on the Narrations of the Chosen Prophet ﷺ

الفقير إلى الله

خادم الدين بن يونس بن عبد القادر

السريع

غفر الله له ولوالديه وللمسلمين

مشروع دار عقيدة الإسلام للنشر والتوزيع

Modular Education For Higher Madrassah Academic Development & Thinking.

The Academic *alamiyyah* Seminary Programmes & Title Certification. *Arabic Language & Theological Studies*

الكنز والتكرار

التّعليق على
على أحَاديث النّبي المختار

(١)

الفقير إلى الله
خادم الدين بن يونس بن عبد القادر
السريع
غفر الله له ولوالديه وللمسلمين

مشروع دار عقيدة الإسلام للنشر والتوزيع

الكنز والتكرار التعليق على أحاديث النبي المختار

Primary English Edition & Copy for Our Higher Education Students

(ح) مشروع دار عقيدة الإسلام ٢٠٢٠ م

اَلْكَنْزُ وَالتَّكْرَارُ اَلتَّعْلِيقُ عَلَى عَلَى أَحَادِيثِ النَّبِي الْمُخْتَار

The Treasure & Repetition 1 Comments on

الفقير إلى الله خادم الدين بن يونس بن عبد القادر السريع ﷺ

the Narrations of the Chosen Prophet

غفر الله له ولوالديه وللمسلمين مشروع دار عقيدة الإسلام للنشر والتوزيع

Modular Education For Higher Madrassah Academic Development & Thinking. The Academic alamiyyah Seminary Programmes & Title Certification. Arabic Language & Theological Academic Development & Thinking. The Academic alamiyyah Seminary Programmes & Title Certification. Arabic Language & Theological Studies

السريع - خادم الدين بن يونس

٢٠٢٠

نسخة مسودة لطلاب اللغة العربية والعلم (دراسة خاصة فقط) اللغة العربية والترجمة.

إذا وجدت أي نوع من الأخطاء في هذا الكتاب أبلغنا من فضلك

سلسلة (علم أصول الدين)

This copy has been designed mainly for our Private Education students. The aim is to help them develop in their analysis and understanding. This copy has been designed for study, analysis, academic research and correction. When you find any printing or scientific errors within this book please contact your centre or the author.

بسم الله الرحمن الرحيم

إنما الأعمال بالنيات

كتب أخرى قريبا إن شاء الله:

○ الشريعة والأركان شرح الفقه الأكبر لأبي حنيفة النعمان.

○ الريان شرح لأحكام الصيام بأدلة القرآن وسنة رسول الرحمن ﷺ.

○ الشرح المختصر العلمي (شرح) مختصر القدوري كتاب الصوم.

○ مختصر صحيح البخاري (المتن) المجلد الأول (الأحاديث القصيرة).

○ شرح مختصر البخاري (المجلد الأول) الأحاديث القصيرة.

○ شجرة النحو دروس ودراسة اللغة العربية.

○ الفكر والتوضيح علم مصطلح الحديث.

○ الأحاديث النبوية باللغة العربية والإنجليزية.

○ الغربية عقيدة أهل السنة والجماعة.

○ فهم القواعد (نسخ كثيرة).

○ كتابة اللغة العربية (الحروف).

○ شرح العقيدة الطحاوية المجلد ١ باللغة الإنجليزية.

○ برنامج اللغة العربية (الكلمات) ١.

○ كتاب للحفظ.

○ دعوة الأنبياء باللغة الإنجليزية.

○ رسائل لطلاب الجامعة باللغة الإنجليزية.

○ النعمة شرح عقيدة الأمة.

○ وغيرها قريبا إن شاء الله.

—————— (الشريعة والأركان) ——————

(مقدمة:)

بسم الله الرحمن الرحيم

الحمد **لله** الذي أرسل الرسل وأنزل الكتب وجعلنا من أمة **محمد** ﷺ وهي خير الأمم وأشكره وأسأله للمغفرة وأشهد ألا إله إلا **الله** وحده لا شريك له وأشهد أن محمدا عبده ورسوله وخاتم الأنبياء وسيد المرسلين والصلاة والسلام على رسولنا محمد وعلى آله وأصحابه أجمعين أما بعد:

أسأل **الله** الكريم رب العرش العظيم أن ينفع العالم والمسلمين كلهم بهذا العمل الصغير وأن يكتب لنا حسن الخاتمة وأن يطهر قلوبنا من النفاق وأن يكتب لهذا الكتاب **(الكنز والتكرار التعليق على أحاديث النبي المختار)** القبول في الأرض وأن يغفر لنا و لإخواننا وأبنائنا وزوجاتنا ووالدينا وأن يدخلنا الجنة بغير حساب ولا عذاب. أرجو إن تمت هذه الكتب أنْ تكون مفتاحا للمعتني به إِلى الخيرات حاجزا له عن أنواع القبائح والمهلكات.

وأنا سائل مسلما انتفع بشيء من كتبي أن يدعو لِي وعلى الغفور الكريمِ اعتمادي وإليه تفويضي واستنادي. وأسأل الله أن ينفعنا به ومن كتبه أوسمعه أَوقرأَه أَو حفظه أو نظر

فيه وأن يجعله خالصاً لوجهه الكريم موجباً للفوز لديه في جنات النعيم. فإنه حسبنا ونعم الوكيل.

وصلى الله على نبينا محمد وعلى آله وأصحابه أجمعين.

الفقير إلى الله

خادم الدين بن يونس بن عبد القادر

السريع

———— (٭٭٭) ————

بسم الله الرحمن الرحيم

الكنز والتكرار التعليق على أحاديث النبي المختار

Primary English Edition & Copy for Our Higher Education Students

The Treasure & Repetition 1
Comments on the Narrations of the Chosen Prophet ﷺ
Authored by: K.A.

English Version & Comments for Our Noble Students

The following books of narration explained in order:

1. Al-Muwatta
2. Musnad Al-Imam Ahmad
3. Al-Adab Al-Mufrad
4. Sahih al-Bukhari
5. Sunan Abi Dawud
6. Sahih Muslim
7. Sunan Ibn Majah
8. Shamail An-Nabi
& more

التعليق على الموطأ

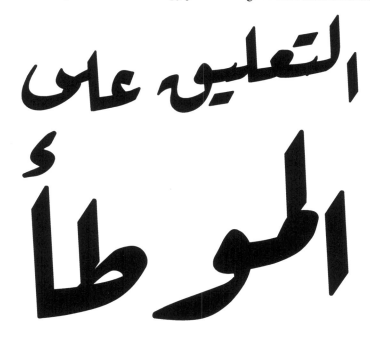

(١) ١ - ٣

لأبي عبد الله مالك بن أنس الأصبحي المدني
توفي ١٧٩ هـ

رواية يحيى بن يحيى الليثي - رواية محمد بن الحسن الشيباني

تأليف الفقير إلى الله:

خادم الدين بن يونس بن عبد القادر السريع

غفر الله له ولوالديه وللمسلمين
مشروع دار عقيدة الإسلام للنشر والتوزيع

} الموطأ رواية يحي بن يحي الليثي:

Muwatta al-Imam Malik

بسم الله الرحمن الرحيم

In the Name of Allah the Most Gracious the Most Merciful

١ - كتاب وقوت الصلاة

بَابُ وُقُوتِ الصَّلَاةِ

Chapter of *wuqūt as-salah*

١. قَالَ حَدَّثَنِي يَحْيَى بْنُ يَحْيَى اللَّيْثِيُّ عَنْ مَالِكِ بْنِ أَنَسٍ عَنِ ابْنِ شِهَابٍ: أَنَّ عُمَرَ بْنَ عَبْدِ الْعَزِيزِ أَخَّرَ الصَّلَاةَ يَوْمًا فَدَخَلَ عَلَيْهِ عُرْوَةُ بْنُ الزُّبَيْرِ فَأَخْبَرَهُ أَنَّ الْمُغِيرَةَ بْنَ شُعْبَةَ أَخَّرَ الصَّلَاةَ يَوْمًا وَهُوَ بِالْكُوفَةِ فَدَخَلَ عَلَيْهِ أَبُو مَسْعُودٍ الْأَنْصَارِيُّ فَقَالَ مَا هَذَا يَا مُغِيرَةُ أَلَيْسَ قَدْ عَلِمْتَ أَنَّ جِبْرِيلَ نَزَلَ فَصَلَّى فَصَلَّى رَسُولُ اللَّهِ صلى الله عليه وسلم ثُمَّ صَلَّى فَصَلَّى رَسُولُ اللَّهِ صلى الله عليه وسلم ثُمَّ صَلَّى فَصَلَّى رَسُولُ اللَّهِ صلى الله عليه وسلم ثُمَّ صَلَّى فَصَلَّى رَسُولُ اللَّهِ صلى الله عليه وسلم ثُمَّ صَلَّى فَصَلَّى رَسُولُ اللَّهِ صلى الله عليه وسلم ثُمَّ قَالَ بِهَذَا أُمِرْتُ. فَقَالَ عُمَرُ بْنُ عَبْدِ الْعَزِيزِ اعْلَمْ مَا تُحَدِّثُ بِهِ يَا عُرْوَةُ أَوَ إِنَّ جِبْرِيلَ هُوَ الَّذِي أَقَامَ [1] لِرَسُولِ اللَّهِ صلى الله عليه وسلم وَقْتَ الصَّلَاةِ قَالَ عُرْوَةُ كَذَلِكَ كَانَ بَشِيرُ بْنُ أَبِي مَسْعُودٍ الْأَنْصَارِيُّ يُحَدِّثُ عَنْ أَبِيهِ.

---

[1] *There are various possible translations for this word in the Arabic Language. From these possible translations are to cause something to exist, to place, to fix, to establish and there are other possible translations (Allah knows best).*

{ في كتب الحديث:

⁕ *This narration is an authentic narration.*

صحيح البخاري ٥٢١ في مواقيت الصلاة وصحيح مسلم ٦١٠ (١٣٢٢ و١٣٢٣) وسنن أبي داود ٣٩٣ وجامع الترمذي ١٤٩.

{ رواية محمد بن الحسن الشيباني:

بسم الله الرحمن الرحيم

أبواب الصلاة

باب: وقوت الصلاة

١. قَالَ مُحَمَّدُ بْنُ الْحَسَنِ أَخْبَرَنَا مَالِكُ بْنُ أَنَسٍ عَنْ يَزِيدَ بْنِ زِيَادٍ مَوْلَى بَنِي هَاشِمٍ عَنْ عَبْدِ اللَّهِ بْنِ رَافِعٍ مَوْلَى أُمِّ سَلَمَةَ رَضِيَ اللَّهُ عَنْهَا زَوْجِ النَّبِيِّ صَلَّى اللَّهُ عَلَيْهِ وَسَلَّمَ **عَنْ أَبِي هُرَيْرَةَ أَنَّهُ سَأَلَهُ عَنْ وَقْتِ الصَّلاةِ فَقَالَ أَبُو هُرَيْرَةَ: أَنَا أُخْبِرُكَ صَلِّ الظُّهْرَ إِذَا كَانَ ظِلُّكَ مِثْلَكَ وَالْعَصْرَ إِذَا كَانَ ظِلُّكَ مِثْلَيْكَ وَالْمَغْرِبَ إِذَا**

غَرَبَتِ الشَّمْسُ وَالْعِشَاءَ مَا بَيْنَكَ وَبَيْنَ ثُلُثِ اللَّيْلِ فَإِنْ نِمْتَ إِلَى نِصْفِ اللَّيْلِ فَلا نَامَتْ عَيْنَاكَ وَصَلِّ الصُّبْحَ بِغَلَسٍ.

قَالَ مُحَمَّدٌ: هَذَا قَوْلُ أَبِي حَنِيفَةَ رَحِمَهُ اللَّهُ فِي وَقْتِ الْعَصْرِ وَكَانَ يَرَى الإِسْفَارَ فِي الْفَجْرِ وَأَمَّا فِي قَوْلِنَا فَإِنَّا نَقُولُ: إِذَا زَادَ الظِّلُّ عَلَى الْمِثْلِ فَصَارَ مِثْلَ الشَّيْءِ وَزِيَادَةً مِنْ حِينِ زَالَتِ الشَّمْسُ فَقَدْ دَخَلَ وَقْتُ الْعَصْرِ.

وَأَمَّا أَبُو حَنِيفَةَ فَإِنَّهُ قَالَ: لا يَدْخُلُ وَقْتُ الْعَصْرِ حَتَّى يَصِيرَ الظِّلُّ مِثْلَيْهِ.

(التعليق)

* *This narration is an authentic narration.*

صحيح البخاري ٥٢١ وصحيح مسلم ٦١٠.

* وقوت جمع وقت. هذه الكلمة جمع كثرة.

* الإمام البخاري قد ذكر الحديث (ثم صلى فصلى رسول الله) في كتاب مواقيت الصلاة تحت ترجمة باب مواقيت الصلاة وفضلها.

* الآن سنتكلم عن الصلوات المكتوبة لأن الحديثين كلاهما عن أوقات الركن الثاني.

* أول وقت الصلاة أفضل وقت للصلاة. ولكن هذا لصلاة الفجر وصلاة الظهر إلا في وقت الحر والعصر والمغرب.

* وأما صلاة العشاء فإن التأخير مستحب والله تعالى أعلم.

* أما الظهر فقد قال الرسول صلى الله عليه وسلم إذا اشتد الحر فأبردوا بالصلاة فإن شدة الحر من فيح[2] جهنم. وهذا الحديث رواه البخاري ومسلم.

* وفي سنن أبي داود (٦٧٧) حَدَّثَنَا هِشَامُ بْنُ عَمَّارٍ، حَدَّثَنَا مَالِكُ بْنُ أَنَسٍ، حَدَّثَنَا أَبُو الزِّنَادِ، عَنْ الْأَعْرَجِ عَنْ أَبِي هُرَيْرَةَ قَالَ: قَالَ رَسُولُ اللَّهِ - صَلَّى اللَّهُ عَلَيْهِ وَسَلَّمَ: (إِذَا اشْتَدَّ الْحَرُّ فَأَبْرِدُوا بِالصَّلَاةِ، فَإِنَّ شِدَّةَ الْحَرِّ مِنْ فَيْحِ جَهَنَّمَ) (صححه الشيخ شعيب الأرنؤوط رحمه الله تعالى).

* السنة هي التقديم إلا الظهر والعشاء للأسباب المذكورة.

* وهنا وقت طبعا بين الأذان والإقامة للوضوء والراتبة والله تعالى أعلم.

* هذا الحديث دليل من الأدلة الصحيحة على وجود الملائكة.

* حديث عمر بن الخطاب فأخبِرْني : ما الإيمانُ ؟ قال :(أنْ تُؤمِنَ باللهِ وملائكتِه وكُتبِه ورُسلِه والبعثِ بعدَ الموتِ والقدَرِ خيرِه وشرِّه حُلْوِه ومُرِّه) قال : صدَقْتَ صحيح ابن حبان الرقم: ١٦٨.

* واسم الملك هنا جبريل عليه السلام.

* في رواية محمد بن الحسن الشيباني رحمه الله هناك بيان أوقات الصلاة وأما رواية يحيى بن يحيى الليثي ليس في ذلك الحديث بيان أوقات الصلاة.

* ولكن أوقات الصلاة معلومة عند المخاطب.

* الأحاديث الأخرى تبين الأوقات بالوضوح ولله الحمد.

* جبريل عليه السلام كرر الصلاة خمس مرات وقد فعل ذلك الرسول صلى الله عليه وسلم.

* الدليل يدل على العمل بالحديث الصحيح ولو كان من قسم الآحاد.

---

[2] *This word* فَيْحِ *can be translated as exhalation.*

* الوقت الثاني لصلاة العصر هو مصير ظل كل شيء على مثليه والله تعالى أعلم.

***[3]

---

[3] *The timings of the prayers have been mentioned in the narrations. There are two timings for the `asr prayer that are followed today. The second time is taught by the hanafi school and the first time is taught by other schools (and Allah knows best).*

} الموطأ رواية يحي بن يحي الليثي:

____________(٢)____________

٢. (صحيح) قَالَ عُرْوَةُ وَلَقَدْ حَدَّثَتْنِي عَائِشَةُ زَوْجُ النَّبِيِّ صلى الله عليه وسلم أَنَّ رَسُولَ اللَّهِ صلى الله عليه وسلم كَانَ يُصَلِّي الْعَصْرَ وَالشَّمْسُ فِي حُجْرَتِهَا قَبْلَ أَنْ تَظْهَرَ[4].

} في كتب الحديث:

صحيح البخاري ٥٢٢ و٥٤٦ وصحيح مسلم ٦١١ وسنن أبي داود ٣٩٨ و٤٠٧ وسنن النسائي ٥٠٦ وسنن ابن ماجه ٦٨٣ وسنن الترمذي ١٥٩.

⁎ This narration is an authentic narration.

} رواية محمد بن الحسن الشيباني:

____________(٢)____________

٢. أَخْبَرَنَا مَالِكٌ أَخْبَرَنِي ابْنُ شِهَابٍ الزُّهْرِيُّ عَنْ عُرْوَةَ قَالَ: حَدَّثَتْنِي عَائِشَةُ رَضِيَ اللَّهُ عَنْهَا أَنَّ رَسُولَ اللَّهِ صَلَّى اللَّهُ عَلَيْهِ وَسَلَّمَ كَانَ: يُصَلِّي الْعَصْرَ وَالشَّمْسُ فِي حُجْرَتِهَا قَبْلَ أَنْ تَظْهَرَ.

____________(**التعليق**)____________

[4] *The word تَظْهَرَ has a possible number of translations in English from them: become visible and to appear (and Allah knows best).*

* الرسول صلى الله عليه كان يبادر بصلاة العصر.

* وفي صحيح الإمام البخاري رحمه الله حَدَّثَنَا أَبُو نُعَيْمٍ قَالَ أَخْبَرَنَا ابْنُ عُيَيْنَةَ عَنِ الزُّهْرِيِّ عَنْ عُرْوَةَ عَنْ عَائِشَةَ قَالَتْ كَانَ النَّبِيُّ صلى الله عليه وسلم يُصَلِّي صَلاَةَ الْعَصْرِ وَالشَّمْسُ طَالِعَةٌ [5] فِي حُجْرَتِي لَمْ يَظْهَرِ الْفَيْءُ بَعْدُ.

***

[5] *It can be translated as "ascendant point of ecliptic or degree of zodiac, leading upward, going up, mounting up and ascending" (and Allah knows best).*

- { الموطأ رواية يحي بن يحي الليثي:

———————(٣)———————

٣. مَالِكٌ عَنْ زَيْدِ بْنِ أَسْلَمَ عَنْ عَطَاءِ بْنِ يَسَارٍ أَنَّهُ قَالَ: جَاءَ رَجُلٌ إِلَى رَسُولِ اللهِ صلى الله عليه وسلم فَسَأَلَهُ عَنْ وَقْتِ صَلاَةِ الصُّبْحِ قَالَ: فَسَكَتَ عَنْهُ رَسُولُ اللهِ صلى الله عليه وسلم حَتَّى إِذَا كَانَ مِنَ الْغَدِ صَلَّى الصُّبْحَ حِينَ طَلَعَ الْفَجْرُ ثُمَّ صَلَّى الصُّبْحَ مِنَ الْغَدِ بَعْدَ أَنْ أَسْفَرَ. ثُمَّ قَالَ: (أَيْنَ السَّائِلُ عَنْ وَقْتِ الصَّلاَةِ). قال ها أنذا يا رسول الله. فقال ما بين هذين وقت.

———————(**التعليق**)———————

مرسل - (أين السائل عن وقت الصلاة) رواه النسائي ٥٢٠ و٥٤٥ و الموطأ ٣ ومسلم | ١٣٣٤ | ٦١٣\١٧٦ وسنن ابن ماجه ٦٦٧ وسنن أبي داود ٣٩٥ [6].

* زيد هو أبو أسامة. قال ها أنذا يا رسول الله وفي نسخة فقال ها أنذا يا رسول الله.

* فقال ما بين هذين وقت وفي نسخة قال.

* وقد ذكر الإمام النووي رحمه الله تعالى في شرحه لحديث ١٣٣٤ - ٦١٤\١٧٦ في صحيح مسلم وهو حديث سليمان بن بريدة: وقد ذكر الصلوات في اليومين في وقتين. فيه بيان أن للصلاة وقت فضيلة ووقت اختيار وفيه أن وقت المغرب ممتد وفيه البيان بالفعل فإنه أبلغ في الإيضاح والحفظ وتعم فائدته للسائل

---

[6] *Another narration from Malik on the authority of Zayd bin Aslam on the authority of `Ataa' bin Yasaar that he said a man came to the Messenger of Allah asking about the timing of as-subh prayer.*
* *asfara can be translated as - it brightens ro cause something to shine.*

وغيره وفيه تأخير البيان إلى وقت الحاجة وهو مذهب جمهور الأصوليين وفيه احتمال تأخير الصلاة عن أول وقتها وترك فضيلة أول وقت لمصلحة راجحة.

* وقت الفجر هو من طلوع الفجر الثاني إلى أن تطلع الشمس[7].

- { رواية محمد بن الحسن الشيباني:

————————(٣)————————

- ٣. أَخْبَرَنَا مَالِكٌ قَالَ: أَخبَرَنِي ابْنُ شِهَابٍ الزُّهْرِيُّ عَنْ أَنَسِ بْنِ مَالِكٍ أَنَّهُ قَالَ: **كُنَّا نُصَلِّي الْعَصْرَ ثُمَّ يَذْهَبُ الذَّاهِبُ إِلَى قُبَاءَ فَيَأْتِيهِمْ وَالشَّمْسُ مُرْتَفِعَةٌ**[8].

—————————(التعليق)—————————

* صحيح مسلم ٦٢١ وصحيح البخاري ٥٥١ وسنن النسائي ٥٠٧.

* صلى الرسول صلى الله عليه وسلم بعد طلوع الفجر الثاني.

* بعد أن أسفر يعني أضاء وانكشف.

---

[7] *This narration clarifies the timing of the fajr prayer. It is from dawn to sunrise. May Allah allow us to be from those who establish the prayer.*

[8] مُرْتَفع *can be translated as high, above etc.*

* وفي صحيح مسلم حَدَّثَنَا قُتَيْبَةُ بْنُ سَعِيدٍ حَدَّثَنَا لَيْثٌ ح قَالَ وَحَدَّثَنَا مُحَمَّدُ بْنُ رُمْحٍ أَخْبَرَنَا اللَّيْثُ عَنِ

ابْنِ شِهَابٍ عَنْ أَنَسِ بْنِ مَالِكٍ أَنَّهُ أَخْبَرَهُ أَنَّ رَسُولَ اللَّهِ صلى الله عليه وسلم كَانَ يُصَلِّي الْعَصْرَ وَالشَّمْسُ

مُرْتَفِعَةٌ حَيَّةٌ فَيَذْهَبُ الذَّاهِبُ إِلَى الْعَوَالِي فَيَأْتِي الْعَوَالِيَ وَالشَّمْسُ مُرْتَفِعَةٌ . وَلَمْ يَذْكُرْ قُتَيْبَةُ فَيَأْتِي الْعَوَالِيَ .

***[9]

---

[9] *The Messenger of Allah ﷺ used to pray the `asr prayer in a narration according to the first timing. This was when the sun was still high and bright and it is mentioned in a narration that a person could go to a particular distant area and the sun was still high. This indicates that He ﷺ would not delay the prayer (and Allah knows best).*

التعليق على مسند الإمام أحمد بن حنبل

رحمه الله تعالى

١٦٤ - ٢٤١ هـ

(٢) ١ - ٣

تأليف الفقير إلى الله:

خادم الدين بن يونس بن عبد القادر السريع

غفر الله له ولوالديه وللمسلمين

مشروع دار عقيدة الإسلام للنشر والتوزيع

بِسْمِ اللَّهِ الرَّحْمَنِ الرَّحِيمِ

رَبِّ يَسِّر وَأَعِن يَا كَرِيم وصَلَّى اللَّهُ عَلَى مُحَمَّد وَآلِهِ وَصَحْبِهِ وَسَلِّمْ

مُسْنَدُ أَبِي بَكْرٍ الصِّدِّيقِ رَضِيَ اللَّهُ عَنْهُ

أَخْبَرَنَا الشَّيْخُ أَبُو الْقَاسِمِ هِبَةُ اللهِ بْنُ مُحَمَّدِ بْنِ عَبْدِ الْوَاحِدِ بْنِ أَحْمَدَ بْنِ الْحُصينِ الشَّيْبَانِيُّ قِرَاءَةً عَلَيْهِ وَأَنَا أَسْمَعُ فَأَقَرَّ بِهِ قَالَ: حَدَّثَنَا أَبُو عَلِيٍّ الْحَسَنُ بْنُ عَلِيِّ بْنِ مُحَمَّدٍ التَّمِيمِيُّ الْوَاعِظُ وَيُعْرَفُ بِابْنِ الْمُذْهِبِ قِرَاءَةً مِنْ أَصْلِ سَمَاعِهِ قَالَ: أَخْبَرَنَا أَبُو بَكْرٍ أَحْمَدُ بْنُ جَعْفَرِ بْنِ حَمْدَانَ بْنِ مَالِكٍ الْقَطِيعِيُّ قِرَاءَةً عَلَيْهِ قَالَ:

١. حَدَّثَنَا أَبُو عَبْد الرَّحْمَن عَبْدُ اللهِ بْنُ أَحْمَد بْنِ مُحَمَّد بْنِ حَنْبَل قَالَ: حَدَّثَنِي أَبِي أَحْمَد بْنُ مُحَمَّد بْنِ حَنْبَل بْنِ هِلَال بْنِ أَسَد مِن كِتَابِهِ قَال حَدَّثَنا عَبْد الله بْن نُمَيْر قَال أَخْبَرَنا إِسْمَاعِيل - يَعْنِي ابْن أَبِي خَالِد - عَن قَيْس قَال: **قَام أَبُو بَكْر رَضِي الله عَنْه فَحَمِد الله وَأَثْنَى عَلَيْه ثُم قَال: يَا أَيُّها النَّاس إِنَّكُم تَقْرَؤُون هَذِه الْآيَة: ﴿يَا أَيُّهَا الَّذِينَ آمَنُوا عَلَيْكُمْ أَنفُسَكُمْ لَا يَضُرُّكُم مَّن ضَلَّ إِذَا اهْتَدَيْتُمْ﴾ [المائدة: ١٠٥] وَإِنَّا سَمِعْنا رَسُولَ الله صَلَّى اللهُ عَلَيْهِ وَسَلَّم يَقُولُ: (إِنَّ النَّاسَ إِذَا رَأَوُا الْمُنْكَرَ فَلَمْ يُغَيِّرُوهُ أَوْشَكَ أَنْ يَعُمَّهُمُ اللهُ بِعِقَابِهِ).**

(التعليق)

* *This narration is an authentic narration.*

إسناده صحيح على شرط الشيخين (تحقيق شعيب الأرناؤوط رحمه الله). وأخرجه ابن ماجه (٤٠٠٥) وأبو داود (٤٣٣٨) والترمذي (٢١٦٨) وغيرهم.

* إِسْمَاعِيلُ - يَعْنِي ابْنَ أَبِي خَالِدٍ الأحمسي ثقة.

* **﴿يَا أَيُّهَا الَّذِينَ آمَنُوا عَلَيْكُمْ أَنْفُسَكُمْ لَا يَضُرُّكُمْ مَنْ ضَلَّ إِذَا اهْتَدَيْتُمْ﴾**. يا أهل الإيمان لا يضركم من ضل عن الصراط المستقيم.

* الأمر بالمعروف والنهي عن المنكر من ديننا الإسلامي لا نترك هذا الأمر.

* على المسلم أن يصلح نفسه ولكن هذا لا يعني أنه يترك الأمر بالمعروف والنهي عن المنكر.

* عَلَيْكُمْ أَنْفُسَكُمْ هذا أمر مهم جدا. لا شك هناك من عجز عن الأمر بالمعروف والنهي عن المنكر لأسباب كثيرة.

* وأما (إِنَّ النَّاسَ إِذَا رَأَوْا الْمُنْكَرَ فَلَمْ يُغَيِّرُوهُ أَوْشَكَ أَنْ يَعُمَّهُمُ اللهُ بِعِقَابِهِ) وقد قال الله سبحانه وتعالى **﴿لَا يُكَلِّفُ اللَّهُ نَفْسًا إِلَّا وُسْعَهَا ۚ لَهَا مَا كَسَبَتْ وَعَلَيْهَا مَا اكْتَسَبَتْ ۗ رَبَّنَا لَا تُؤَاخِذْنَا إِن نَّسِينَا أَوْ أَخْطَأْنَا ۚ رَبَّنَا وَلَا تَحْمِلْ عَلَيْنَا إِصْرًا كَمَا حَمَلْتَهُ عَلَى الَّذِينَ مِن قَبْلِنَا ۚ رَبَّنَا وَلَا تُحَمِّلْنَا مَا لَا طَاقَةَ لَنَا بِهِ ۖ وَاعْفُ عَنَّا وَاغْفِرْ لَنَا وَارْحَمْنَا ۚ أَنتَ مَوْلَانَا فَانصُرْنَا عَلَى الْقَوْمِ الْكَافِرِينَ﴾**.

* والتكليف هو الأمر بما يشق عليه. والله سبحانه وتعالى لا يكلف المسلم فوق طاقته.

* إذا فعلت أنت ما كلفت به فلا يضر من ضل ولكن أقول مرة أخرى أن هذه الآية الكريمة لا تلغي وجوب الأمر بالمعروف والنهي عن المنكر.

* وقد قال الله سبحانه وتعالى ﴿**وَإِذَا أَرَدْنَا أَن نُّهْلِكَ قَرْيَةً أَمَرْنَا مُتْرَفِيهَا فَفَسَقُوا فِيهَا فَحَقَّ عَلَيْهَا الْقَوْلُ فَدَمَّرْنَاهَا تَدْمِيرًا**﴾ **الإسراء ١٦** [10]. هذه الآية الكريمة تدل على أن إذا أراد الملك الغفور الرحيم أن يهلك أي قرية من القرى الظالمة أمر أمرا قدريا ففسقوا فيها فدمرها. والله تعالى أعلم.

* على العبد أن يسأل ربه لأن الهداية بيد الله سبحانه وتعالى وهي نعمة عظيمة. العقيدة الصحيحة هي نعمة من نعم الله والإيمان نعمة من نعم الله. لا توجد نعمة مثل نعمة الهداية [11].

* أما الدعوة إلى الله فإن الله سبحانه قد قال في كتابه: **وَمَا خَلَقْتُ الْجِنَّ وَالْإِنسَ إِلَّا لِيَعْبُدُونِ [الذاريات:٥٦]** وهو سبحانه وتعالى قد قال: **يَا أَيُّهَا النَّاسُ اعْبُدُوا رَبَّكُمُ الَّذِي خَلَقَكُمْ وَالَّذِينَ مِن قَبْلِكُمْ لَعَلَّكُمْ تَتَّقُونَ [البقرة:٢١]** وهو سبحانه وتعالى قد قال: **وَلَقَدْ بَعَثْنَا فِي كُلِّ أُمَّةٍ رَّسُولًا أَنِ اعْبُدُوا اللَّهَ**

---

[10] *When we decide to destroy a قَرْيَةً (can be translated as city, town, society, town population, township, habitation, population etc) we command the affluent corrupted but they defy disobeying. Our sentence comes into effect and we annihilate it with complete annihilation.*

[11] ***General English Commentary of Narration One (1):***
Abu Bakr is the greatest man after the Prophets and Messengers (may Allah be pleased with him). Guidance is the greatest blessing from Allah. Guidance is with Him so ask Him. Enjoining the good & forbidding the evil is part of Islam. If you are able to influence positively then you should use your influence for good causes. May Allah forgive us and guide us. No one should become arrogant because as long as a person is alive he is subject to tests. A person may lose his faith so we must ask Allah for steadfastness and guidance. O turner of the hearts keep our hearts firm upon the Religion of Islam.

وَاجْتَنِبُوا الطَّاغُوتَ [النحل:٣٦] وهو سبحانه وتعالى قد قال: وَمَا أَرْسَلْنَا مِن قَبْلِكَ مِن رَّسُولٍ إِلَّا نُوحِي إِلَيْهِ أَنَّهُ لَا إِلَٰهَ إِلَّا أَنَا فَاعْبُدُونِ [الأنبياء:٢٥] وهو سبحانه وتعالى قد قال: كَانَ النَّاسُ أُمَّةً وَاحِدَةً فَبَعَثَ اللَّهُ النَّبِيِّينَ مُبَشِّرِينَ وَمُنذِرِينَ وَأَنزَلَ مَعَهُمُ الْكِتَابَ بِالْحَقِّ لِيَحْكُمَ بَيْنَ النَّاسِ فِيمَا اخْتَلَفُوا فِيهِ [البقرة:٢١٣] وقال الله سبحانه وتعالى: إِنَّا أَوْحَيْنَا إِلَيْكَ كَمَا أَوْحَيْنَا إِلَىٰ نُوحٍ وَالنَّبِيِّينَ مِن بَعْدِهِ [النساء:١٦٣] وهو سبحانه وتعالى قد قال: وَمَا أَنزَلْنَا عَلَيْكَ الْكِتَابَ إِلَّا لِتُبَيِّنَ لَهُمُ الَّذِي اخْتَلَفُوا فِيهِ وَهُدًى وَرَحْمَةً لِّقَوْمٍ يُؤْمِنُونَ [النحل:٦٤] وهو سبحانه وتعالى قد قال: وَلْتَكُن مِّنكُمْ أُمَّةٌ يَدْعُونَ إِلَى الْخَيْرِ وَيَأْمُرُونَ بِالْمَعْرُوفِ وَيَنْهَوْنَ عَنِ الْمُنكَرِ [آل عمران:١٠٤] وهو سبحانه وتعالى قد قال: قُلْ هَٰذِهِ سَبِيلِي أَدْعُو إِلَى اللَّهِ عَلَىٰ بَصِيرَةٍ أَنَا وَمَنِ اتَّبَعَنِي [يوسف:١٠٨].

* أتباع الرسول ﷺ هم الدعاة إلى الله. وقد قال الله تعالى لَّقَدْ كَانَ لَكُمْ فِي رَسُولِ اللَّهِ أُسْوَةٌ حَسَنَةٌ لِّمَن كَانَ يَرْجُو اللَّهَ وَالْيَوْمَ الْآخِرَ وَذَكَرَ اللَّهَ كَثِيرًا [الأحزاب:٢١].

* الدعوة إلى الله سبحانه وتعالى فرض كفاية والله تعالى أعلم.

***[12]

[12] *These verses from the Book of Allah highlight important aspects of da`wah. A person must try his best first to save himself and then his family. A person then tries to work on his circle of influence. The purpose of life is to worship Allah and this is the focal point. We should never forget the importance of supplication. Many have neglected this.*

٢ - حَدَّثَنَا وَكِيعٌ قال حَدَّثَنَا مِسْعَرٌ وَسُفْيَانُ عَن عُثْمَانَ بْنِ الْمُغِيرَةِ الثَّقَفِي عَن عَلِي بْنِ رَبِيعَةَ الْوَالِبِيّ عَن أَسْمَاءَ بْنِ الْحَكَمِ الْفَزَارِي عَن عَلِي رضي الله عَنْهُ قال: كُنْتُ إِذَا سَمِعْتُ مِن رَسُولِ اللهِ صَلَّى اللهُ عَلَيْهِ وَسَلَّمَ حَدِيثًا نَفَعَنِي اللهُ بِمَا شَاءَ مِنْهُ وَإِذَا حَدَّثَنِي عَنْهُ غَيْرِي اسْتَحْلَفْتُهُ فَإِذَا حَلَفَ لِي صَدَّقْتُهُ وَإِنَّ أَبَا بَكْرٍ رضي اللهُ عَنْهُ حَدَّثَنِي - وَصَدَقَ أَبُو بَكْرٍ - أَنَّهُ سَمِعَ النَّبِيَّ صَلَّى اللهُ عَلَيْهِ وَسَلَّمَ قَالَ: (مَا مِنْ رَجُلٍ يُذْنِبُ ذَنْبًا فَيَتَوَضَّأُ فَيُحْسِنُ الْوُضُوءَ قَالَ مِسْعَرٌ: وَيُصَلِّي وَقَالَ سُفْيَانُ: ثُمَّ يُصَلِّي رَكْعَتَيْنِ فَيَسْتَغْفِرُ اللهَ عَزَّ وَجَلَّ إِلَّا غَفَرَ لَهُ).

_____ (التعليق) _____

إسناده صحيح (تحقيق شعيب الأرناؤوط رحمه الله). سنن ابن ماجه (١٣٩٥) والنسائي (٤١٥).

* *This narration is an authentic narration.*

* هذا الحديث هو حديث صلاة التوبة. إذا أراد المسلم أن يتوب من ذنب يصلي ركعتين ثم بعد ذلك يسأل ربه أن يغفره وهذا فائدة من فوائد حديث صلاة التوبة. هذا الحديث يبين أيضا منهج الصحابة رضي الله عنهم في التثبت والتأكد.

* (عَن عُثْمَانَ بْنِ الْمُغِيرَةِ الثَّقَفِي) من رجال البخاري.

* (عَنْ أَسْمَاءَ بْنِ الْحَكَمِ الْفَزَارِي الكوفي) وهو صدوق وتابعي وثقة.

* (اسْتَحْلَفْتُهُ) يعني استحلفته لزيادة التوثيق بالخبر.

* أقسام خبر الآحاد ثلاثة: مشهور (المستفيض) وعزيز وغريب.

* خبر الآحاد حجة في علم العقيدة والعلوم الأخرى وأهل السنة والجماعة يعملون بالحديث إذا صح.

* وهناك بعض الفرق لا تقبل خبر الآحاد في علم العقيدة وبعضهم قد قالوا أن خبر الآحاد لا يقبل في صلب العقيدة. هذا ليس بصحيح. نحن نقبل خبر الواحد في العقيدة.

* أبو بكر صحابي وخليفة رسول الله صلى الله عليه وسلم. وقد قلت في كتابي **(الغربية)** أن الصَّحَابَةَ أَفْضَلُ الْخَلْقِ بَعْدَ الْأَنْبِيَاءِ وَرُسُلِ اللَّهِ وَ خَيْرُ الْأُمَمِ وَأَكْرَمُهَا بَعْدَ رُسُلِ اللَّهِ وَالْأَنْبِيَاءِ. وقد قال رَسُولُ اللَّهِ صلى الله عليه وسلم (عَلَيْكُمْ بِسُنَّتِي وَسُنَّةَ الْخُلَفَاءِ الرَّاشِدِينَ الْمَهْدِيِّينَ) وَالطَّعْنُ فِي الصَّحَابَةِ طَعْنٌ فِي الدِّينِ وَالطَّعْنُ فِي النَّاقِلِ طَعْنٌ فِي الْمَنْقُولِ.

* أبو بكر رضي الله عنه وهو عبد الله بن عثمان بن عامر القرشي التيمي والمشهر أبو بكر الصديق رضي الله عنه.

* وما طلعت الشمس ولا غربت على أحد بعد الأنبياء ورسل الله أفضل من خليفة رسول الله صلى الله عليه وسلم وهو أبو بكر الصديق رضي الله عنه.

* (مَا مِنْ رَجُلٍ يُذْنِبُ ذَنْبًا فَيَتَوَضَّأُ فَيُحْسِنُ الْوُضُوءَ قَالَ مِسْعَرٌ وَيُصَلِّي وَقَالَ سُفْيَانُ: ثُمَّ يُصَلِّي رَكْعَتَيْنِ فَيَسْتَغْفِرُ اللَّهَ عَزَّ وَجَلَّ إِلَّا غُفِرَ لَهُ) يعني ما من مسلم يذنب ذنبا فيتطهر ثم يصلي ركعتين ثم يستغفر الله لما فعل بالتوبة والندامة والإقلاع والعزم ألا يعود إلى ذلك الذنب إلا غفر له.

* الله هو الغفور الرحيم. ﴿وَمَن يَعْمَلْ سُوءًا أَوْ يَظْلِمْ نَفْسَهُ ثُمَّ يَسْتَغْفِرِ اللَّهَ يَجِدِ اللَّهَ غَفُورًا رَّحِيمًا﴾ النساء ١١٠.

* وهو الله الذي يغفر جميع الذنوب إلا الشرك. إذا تاب أحد قبل الموت وترك الشرك وأصبح موحدا تقبل

توبته ولكن المشرك إذا مات على الشرك لا يغفر هذا المشرك ودليل قوله سبحانه وتعالى: ﴿إِنَّ اللَّهَ لَا يَغْفِرُ

أَن يُشْرَكَ بِهِ وَيَغْفِرُ مَا دُونَ ذَٰلِكَ لِمَن يَشَاءُ ۚ وَمَن يُشْرِكْ بِاللَّهِ فَقَدِ افْتَرَىٰ إِثْمًا عَظِيمًا﴾ النساء ٤٨.

* علي رضي الله عنه هو خليفة من الخلفاء الراشدين المهديين وهو الخليفة الرابعة وأهل السنة والجماعة

لا يكفرون الصحابة ولكننا نحبهم وقد مدحهم الله في كتابه ومدحهم النبي صلى الله عليه وسلم.

* الخوارج فرقة تكفر صاحب الكبائر وأما أهل السنة والجماعة فإنهم لا يخرجون أحدا من الإسلام بسبب

الصغائر أو الكبائر.

* المرجئة هذه الفرقة تلعب بالدين ومنهم المرجئة المعاصرة التي لا تكفر أحدا.

* أهل السنة والجماعة مذهبهم هو المذهب الصحيح ومذهبهم ليس مذهب المتطرفين ومذهب اللاعبين.

* (ثُمَّ يُصَلِّي رَكْعَتَيْنِ) لا يشترط للتوبة أن تصلي ركعتين. من تطهر وصلى كما ذكر الحديث ثم تاب هذا

أكمل. والله تعالى أعلم[13].

---

[13] *Some Points for English Readers. General English Commentary of Narration One (2):*

* This nation of Muhammad is a nation of isnad.

* This narration has been authenticated in Musnad al-Imam Ahmad tahqiq of Shu`ayb al-Arnaut (may Allah have mercy on him).

* The People of the sunnah & the United Body of Muslims love the Companions.

* If you ask forgiveness before you die and change your ways Allah will forgive you. We have mentioned this point in greater detail in the Arabic commentary above.

* The Theology of ahl as-sunnah is not the Theology of extremists or the loose individuals. May Allah forgive us, grant us the best endings and make us from his beloved slaves.

﷽ الآيات عن التوبة والمغفرة والرحمة هي كثيرة جدا وخير الكلام كلام الله وقد قال الله سبحانه وتعالى :

الَّذِينَ يَجْتَنِبُونَ كَبَائِرَ الْإِثْمِ وَالْفَوَاحِشَ إِلَّا اللَّمَمَ إِنَّ رَبَّكَ وَاسِعُ الْمَغْفِرَةِ - النجم ٣٢

وَهُوَ الَّذِي يَقْبَلُ التَّوْبَةَ عَنْ عِبَادِهِ وَيَعْفُو عَنِ السَّيِّئَاتِ وَيَعْلَمُ مَا تَفْعَلُونَ - الشورى ٢٥

أَلَمْ يَعْلَمُوا أَنَّ اللَّهَ هُوَ يَقْبَلُ التَّوْبَةَ عَنْ عِبَادِهِ - التوبة ١٠٤

وهناك آيات كثيرة جدا والله تعالى أعلم.

***

٣. حَدَّثَنَا عَمْرُو بْنُ مُحَمَّدٍ أَبُو سَعِيدٍ - يَعْنِي الْعَنْقَزِيَّ - قَالَ: حَدَّثَنَا إِسْرَائِيلُ عَنْ أَبِي إِسْحَاقَ عَنِ الْبَرَاءِ بْنِ عَازِبٍ قَالَ: اشْتَرَى أَبُو بَكْرٍ مِنْ عَازِبٍ سَرْجًا [14] بِثَلَاثَةَ عَشَرَ دِرْهَمًا. قَالَ: فَقَالَ أَبُو بَكْرٍ لِعَازِبٍ: مُرِ الْبَرَاءَ فَلْيَحْمِلْهُ إِلَى مَنْزِلِي فَقَالَ: لَا حَتَّى تُحَدِّثَنَا كَيْفَ صَنَعْتَ حِينَ خَرَجَ رَسُولُ اللهِ صَلَّى اللهُ عَلَيْهِ وَسَلَّمَ وَأَنْتَ مَعَهُ قَالَ: فَقَالَ أَبُو بَكْرٍ: خَرَجْنَا فَأَدْلَجْنَا [15] فَأَحْثَثْنَا [16] يَوْمَنَا وَلَيْلَتَنَا حَتَّى أَظْهَرْنَا وَقَامَ قَائِمُ الظَّهِيرَةِ [17] فَضَرَبْتُ بِبَصَرِي: هَلْ أَرَى ظِلًّا نَأْوِي إِلَيْهِ؟ [18] فَإِذَا أَنَا بِصَخْرَةٍ فَأَهْوَيْتُ إِلَيْهَا فَإِذَا بَقِيَّةُ ظِلِّهَا فَسَوَّيْتُهُ لِرَسُولِ اللهِ صَلَّى اللهُ عَلَيْهِ وَسَلَّمَ وَفَرَشْتُ لَهُ فَرْوَةً وَقُلْتُ: اضْطَجِعْ [19] يَا رَسُولَ اللهِ فَاضْطَجَعَ ثُمَّ خَرَجْتُ أَنْظُرُ: هَلْ أَرَى أَحَدًا مِنَ الطَّلَبِ؟ فَإِذَا أَنَا بِرَاعِي غَنَمٍ فَقُلْتُ: لِمَنْ أَنْتَ يَا غُلَامُ؟ فَقَالَ: لِرَجُلٍ مِنْ قُرَيْشٍ. فَسَمَّاهُ فَعَرَفْتُهُ فَقُلْتُ: هَلْ فِي غَنَمِكَ مِنْ لَبَنٍ قَالَ: نَعَمْ. قَالَ: قُلْتُ: هَلْ أَنْتَ حَالِبٌ لِي؟ قَالَ: نَعَمْ. قَالَ: فَأَمَرْتُهُ فَاعْتَقَلَ شَاةً مِنْهَا ثُمَّ أَمَرْتُهُ فَنَفَضَ ضَرْعَهَا مِنَ الْغُبَارِ ثُمَّ أَمَرْتُهُ فَنَفَضَ كَفَّيْهِ مِنَ الْغُبَارِ وَمَعِي إِدَاوَةٌ عَلَى فَمِهَا خِرْقَةٌ فَحَلَبَ لِي كُثْبَةً مِنَ اللَّبَنِ فَصَبَبْتُ عَلَى الْقَدَحِ حَتَّى بَرَدَ أَسْفَلُهُ ثُمَّ أَتَيْتُ رَسُولَ اللهِ صَلَّى اللهُ عَلَيْهِ وَسَلَّمَ. فَوَافَيْتُهُ وَقَدِ اسْتَيْقَظَ فَقُلْتُ: اشْرَبْ يَا رَسُولَ اللهِ. فَشَرِبَ حَتَّى رَضِيتُ ثُمَّ قُلْتُ: هَلْ أَنَى الرَّحِيلُ. قَالَ: فَارْتَحَلْنَا وَالْقَوْمُ يَطْلُبُونَا فَلَمْ يُدْرِكْنَا أَحَدٌ مِنْهُمْ إِلَّا سُرَاقَةُ بْنُ مَالِكِ بْنِ جُعْشُمٍ عَلَى فَرَسٍ لَهُ فَقُلْتُ: يَا رَسُولَ اللهِ هَذَا الطَّلَبُ قَدْ لَحِقَنَا. فَقَالَ: (لَا تَحْزَنْ إِنَّ اللهَ مَعَنَا) حَتَّى إِذَا دَنَا مِنَّا فَكَانَ بَيْنَنَا وَبَيْنَهُ قَدْرُ رُمْحٍ

---

[14] *Can be translated as packsaddle.*

[15] *It can have the meaning of* أدلج القومُ: ساروا أوّل اللّيل أو من آخره.

[16] *haththa to urge, incite, prompt and to quicken.*

[17] الشمس عندما تطلع ترتفع وتصل أعلى ارتفاع وهذا وقت النهي.

[18] *He was looking to see if there was any shade after looking into the distance.*

[19] *After seeing a rock he went to it and took shade. He smoothed the ground for the Messenger of Allah and spread a garment and told him (out of kindness of course) to take a lying position.*

أَوْ رُمْحَيْنِ أَوْ ثَلاثَةٍ قَالَ: قُلْتُ: يَا رَسُولَ اللهِ هَذَا الطَّلَبُ قَدْ لَحِقَنَا. وَبَكَيْتُ قَالَ: (لِمَ تَبْكِي) قَالَ: قُلْتُ: أَمَا وَاللهِ مَا عَلَى نَفْسِي أَبْكِي وَلَكِنْ أَبْكِي عَلَيْكَ. قَالَ: فَدَعَا عَلَيْهِ رَسُولُ اللهِ صَلَّى اللهُ عَلَيْهِ وَسَلَّمَ فَقَالَ: (اللهُمَّ اكْفِنَاهُ بِمَا شِئْتَ). فَسَاخَتْ قَوَائِمُ فَرَسِهِ إِلَى بَطْنِهَا فِي أَرْضٍ صَلْدٍ وَوَثَبَ عَنْهَا وَقَالَ: يَا مُحَمَّدُ قَدْ عَلِمْتُ أَنَّ هَذَا عَمَلُكَ فَادْعُ اللهَ أَنْ يُنَجِّيَنِي مِمَّا أَنَا فِيهِ فَوَاللهِ لَأُعَمِّيَنَّ عَلَى مَنْ وَرَائِي مِنَ الطَّلَبِ وَهَذِهِ كِنَانَتِي فَخُذْ مِنْهَا سَهْمًا فَإِنَّكَ سَتَمُرُّ بِإِبِلِي وَغَنَمِي فِي مَوْضِعِ كَذَا وَكَذَا فَخُذْ مِنْهَا حَاجَتَكَ. قَالَ: فَقَالَ رَسُولُ اللهِ صَلَّى اللهُ عَلَيْهِ وَسَلَّمَ: (لَا حَاجَةَ لِي فِيهَا). قَالَ: وَدَعَا لَهُ رَسُولُ اللهِ صَلَّى اللهُ عَلَيْهِ وَسَلَّمَ فَأُطْلِقَ فَرَجَعَ إِلَى أَصْحَابِهِ. وَمَضَى رَسُولُ اللهِ صَلَّى اللهُ عَلَيْهِ وَسَلَّمَ وَأَنَا مَعَهُ حَتَّى قَدِمْنَا الْمَدِينَةَ فَتَلَقَّاهُ النَّاسُ فَخَرَجُوا فِي الطَّرِيقِ وَعَلَى الْأَجَاجِيرِ فَاشْتَدَّ الْخَدَمُ وَالصِّبْيَانُ فِي الطَّرِيقِ يَقُولُونَ: اللهُ أَكْبَرُ جَاءَ رَسُولُ اللهِ صَلَّى اللهُ عَلَيْهِ وَسَلَّمَ جَاءَ مُحَمَّدٌ. قَالَ: وَتَنَازَعَ الْقَوْمُ أَيُّهُمْ يَنْزِلُ عَلَيْهِ قَالَ: فَقَالَ رَسُولُ اللهِ صَلَّى اللهُ عَلَيْهِ وَسَلَّمَ: (أَنْزِلُ اللَّيْلَةَ عَلَى بَنِي النَّجَّارِ أَخْوَالِ عَبْدِ الْمُطَّلِبِ لِأُكْرِمَهُمْ بِذَلِكَ) فَلَمَّا أَصْبَحَ غَدَا حَيْثُ أُمِرَ. قَالَ الْبَرَاءُ بْنُ عَازِبٍ: أَوَّلُ مَنْ كَانَ قَدِمَ عَلَيْنَا مِنَ الْمُهَاجِرِينَ مُصْعَبُ بْنُ عُمَيْرٍ أَخُو بَنِي عَبْدِ الدَّارِ ثُمَّ قَدِمَ عَلَيْنَا ابْنُ أُمِّ مَكْتُومٍ الْأَعْمَى أَخُو بَنِي فِهْرٍ ثُمَّ قَدِمَ عَلَيْنَا عُمَرُ بْنُ الْخَطَّابِ فِي عِشْرِينَ رَاكِبًا فَقُلْنَا مَا فَعَلَ رَسُولُ اللهِ صَلَّى اللهُ عَلَيْهِ وَسَلَّمَ فَقَالَ: هُوَ عَلَى أَثَرِي ثُمَّ قَدِمَ رَسُولُ اللهِ صَلَّى اللهُ عَلَيْهِ وَسَلَّمَ وَأَبُو بَكْرٍ مَعَهُ. قَالَ الْبَرَاءُ: وَلَمْ يَقْدَمْ رَسُولُ اللهِ صَلَّى اللهُ عَلَيْهِ وَسَلَّمَ حَتَّى قَرَأْتُ سُوَرًا مِنَ الْمُفَصَّلِ. قَالَ إِسْرَائِيلُ: وَكَانَ الْبَرَاءُ مِنَ الْأَنْصَارِ مِنْ بَنِي حَارِثَةَ [20].

---

[20] *In summary this hadith tells us a packsaddle was purchased by Abu Bakr (may Allah be pleased with him). Abu Bakr requested 'Azib to tell al-Bara' to carry it to the house. He replied in the negative. Why was that so? He asked to know what happened with the Messenger of Allah (may Allah's peace and blessings be upon him) when he was with Abu Bakr. Abu Bakr mentioned their journey during early night that they hurried. He looked out for shade and there was a rock. Shade was taken and the ground smoothened for the Rasul Allah (may Allah's peace and blessings be upon him). On the garment the*

الكنز والتكرار التعليق على أحاديث النبي المختار

(التعليق)

إسناده صحيح على شرط مسلم (انظر تحقيق المشرف الشيخ شعيب الأرنؤوط).

* *This narration is an authentic narration.*

* رجال الإسناد رجال الشيخين غير محمد العنقري.

أخرجه البزار ٥٠ و٥١ وابن أبي شيبة ١٤\٣٢٧-٣٣٠ والبخاري ٣٦١٥ و٣٦٥٢ ومسلم ٤\٢٣١٠ والمروزي ٦٢ و٦٥ وأبو يعلى ١١٦ وابن حبان ٦٢٨١ و٦٨٧٠.

Messenger of Allah lay down. A shepherd was seen belonging to a man of Quraish. The shepherd caught the sheep being told to brush the dust from the teat. Also dust off his hands. A small vessel was used on the neck of which was a cloth. It was milked and then poured into the vessel until it cooled down. The Messenger woke up when Abu Bakr reached him. The Messenger of Allah (may Allah's peace and blessings be upon him) drank until he was pleased (may Allah's peace and blessings be upon him) then I said: Is it time to move on? They moved on but only Suraqah bin Malik bin Ju'shum caught up riding a horse however when he got close being the length of a spear or two or three spears the Messenger of Allah (may Allah's peace and blessings be upon him) prayed against him and then the horse's legs sank into the solid ground up to its belly and he fell off it. The man knew why this happened and it was because of the Noble Prophet (may Allah's peace and blessings be upon him). The man told the Prophet I shall divert away from you any one who is behind me (meaning those that are hunting the Prophet (may Allah's peace and blessings be upon him)). The man mentioned his quiver, arrow and camels and sheep of the Prophet would pass by. The Messenger of Allah (may Allah's peace and blessings be upon him) said he had no need of it. The Messenger of Allah (may Allah's peace and blessings be upon him) prayed for him and he was released and he went back to his Companions. The Messenger of Allah (may Allah's peace and blessings be upon him) continued until Madinah where the people met him. The people came out on the road and on the roofs. People crowded the road saying: الله أكبر *the Messenger of Allah (may Allah's peace and blessings be upon him) has come. Muhammad has come. The people disputed as to who he would stay with. The Messenger of Allah (may Allah's peace and blessings be upon him) said: tonight I will remain with banu an-najjar the maternal uncles of 'Abd al-Muttalib to honour them thereby.*

* سرْجا واحد السروج. أدلجنا سار من أول الليل. حثثنا يعني أسرعنا. حتى أظهرنا يعني دخلنا الظهر أو قاربنا دخوله. وقام قائم الظهيرة الشمس عندما تطلع ترتفع وتصل أعلى ارتفاع وهذا وقت النهي ولا يظهر الظل. فضربت ببصري يعني نظرت. فروة يعني جلدا.

* كثبة: حَدَّثَنَا عَبْدُ الْغَنِيِّ بْنُ أَبِي عَقِيلٍ الْمِصْرِيُّ حَدَّثَنَا خَالِدٌ - يَعْنِي ابْنَ عَبْدِ الرَّحْمَنِ - قَالَ قَالَ شُعْبَةُ فَسَأَلْتُ سِمَاكًا عَنِ الْكُثْبَةِ فَقَالَ اللَّبَنُ الْقَلِيلُ (صحيح مقطوع وهو سنن أبي داود).

* فوافيته يعني وافقته ووجدته. هل أنى الرحيل يعني هل جاء وقت جاء وقت الرحيل. فساخت يعني غاصت. في أرض صلد يعني صلب. ووثب يعني نزل بسرعة. كِنَانَتِي وعاء يتخذ للسهام. وعلى الأجاجير يعني طلعوا على السطوح.

***

الكنز والتكرار التعليق على أحاديث النبي المختار

Primary English Edition & Copy for Our Higher Education Students

التعليق على

الأدب المفرد

(٣) ١ - ٣

للإمام البخاري رحمه الله

توفي ٢٥٦هـ

تأليف الفقير إلى الله:

خادم الدين بن يونس بن عبد القادر

السريع

غفر الله له ولوالديه وللمسلمين

مشروع دار عقيدة الإسلام للنشر والتوزيع

التعليق على الأدب المفرد

للإمام الحافظ أبي عبد الله محمد بن إسماعيل البخاري

بسم الله الرحمن الرحيم

أَخْبَرَنَا أَبُو نَصرٍ أَحْمَدُ بْن مُحَمَّدِ بْنِ الْحَسَنِ بْن حَامِدِ بْنِ هَارُونَ بْن عَبْدِ الجَبَّارِ البُخَارِيُّ المَعْرُوف بِابْنِ النَّيَازِكِيِّ - قِرَاءَةً عَلَيْه فَأَقَرَّ بِه. قَدِمَ عَلَيْنَا حَاجا فِي صَفر سَنَة سَبْعِينَ وثلاثِمِئَة - قَالَ: أَخْبَرنَا أَبُو الخَيْرِ أَحْمَدُ بْن مُحَمَّدِ بْن الجَلِيلِ بْنِ خَالِدِ بْنِ حُرَيْثٍ البُخَارِيُّ الْكِرْمَانِيُّ العَبْقَسِيُّ البَزَّارُ سَنَة اثْنَتَيْنِ وَعِشْرِينَ وثلاثِمِئَة قَالَ: حَدَّثَنَا أَبُو عَبْدِ اللهِ مُحَمَّدُ بْنُ إِسْمَاعِيلَ بْنِ إِبْرَاهِيمَ بْنِ المُغِيرَةِ بْنِ الأَحْنَفِ الجُعْفِيُّ البُخَارِيُّ قال:

١ - بَابُ (ما جاء في) قَوْلِهِ تَعَالَى: **(وَوَصَّيْنَا الإِنْسَانَ بِوَالِدَيْهِ حُسْنًا) (العنكبوت ٨)**

١ (حكم الحديث: صحيح) حَدَّثَنَا أَبُو الْوَلِيدِ قَالَ: حَدَّثَنَا شُعْبَةُ قَالَ: الْوَلِيدُ بْنُ الْعَيْزَارِ أَخْبَرَنِي قَالَ: سَمِعْتُ أَبَا عَمْرٍو الشَّيْبَانِيَّ يَقُولُ: **حَدَّثَنَا صَاحِبُ هَذِهِ الدَّارِ وَأَشَارَ بِيَدِهِ إِلَى دَارِ عَبْدِ اللهِ رضي الله عنه قَالَ: سَأَلْتُ النَّبِيَّ صلى الله عليه وسلم: أَيُّ الْعَمَلِ أَحَبُّ إِلَى اللهِ عَزَّ وَجَلَّ؟ قَالَ: الصَّلاةُ عَلَى وَقْتِهَا قُلْتُ: ثُمَّ أَيٌّ؟ قَالَ: ثُمَّ بِرُّ الْوَالِدَيْنِ قُلْتُ: ثُمَّ أَيٌّ؟ قَالَ: ثُمَّ الْجِهَادُ فِي سَبِيلِ اللهِ عز وجل قَالَ: حَدَّثَنِي بِهِنَّ وَلَوِ اسْتَزَدْتُهُ لَزَادَنِي.**

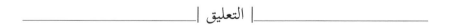

التعليق

* *This narration is an authentic narration.*

صحيح البخاري ٥٢٧ و٢٧٨٢ و٥٩٧٠ وصحيح مسلم ١٦٥ (١٣٧ (٨٥) وسنن الترمذي ١٨٩٨ ومسند الإمام أحمد ٤٣١٣ و٣٨٩٠ و٣٩٩٨ و٤٢٤٣.

* تأخير صلاة العشاء أفضل. والتبكير بالصلوات الأخرى أفضل إلا صلاة الظهر في شدة الحر.

* هذا الحديث يدل على فضل العلم. وقد قال الله تعالى: **(فَاسْأَلُوا أَهْلَ الذِّكْرِ إِنْ كُنْتُمْ لَا تَعْلَمُونَ)** [النحل: ٤٣] وقد قال الله تعالى ﴿وَمَا أَرْسَلْنَا مِنْ قَبْلِكَ إِلَّا رِجَالًا نُوحِي إِلَيْهِمْ فَاسْأَلُوا أَهْلَ الذِّكْرِ إِنْ كُنْتُمْ لَا تَعْلَمُونَ (٤٣) بِالْبَيِّنَاتِ وَالزُّبُرِ وَأَنْزَلْنَا إِلَيْكَ الذِّكْرَ لِتُبَيِّنَ لِلنَّاسِ مَا نُزِّلَ إِلَيْهِمْ وَلَعَلَّهُمْ يَتَفَكَّرُونَ﴾ [النحل: ٤٣ و٤٤].

* (أحب إلى الله) وقد قال الله تعالى **﴿قُلْ إِنْ كُنْتُمْ تُحِبُّونَ اللَّهَ فَاتَّبِعُونِي يُحْبِبْكُمُ اللَّهُ وَيَغْفِرْ لَكُمْ ذُنُوبَكُمْ وَاللَّهُ غَفُورٌ رَحِيمٌ﴾** [آل عمران: ٣١].

* الحديث يدل على فوائد أخرى ومنها: إثبات المحبة لله وهذه المسألة مسألة العقيدة وقد شرح علماء أهل السنة والجماعة هذه المسألة في كتب أصول الدين. من القواعد الأساسية في الإيمان بأسماء الله وصفاته هو **الْإِيمَانِ بِاللَّهِ الْإِيمَانُ بِمَا وَصَفَ بِهِ نَفْسَهُ فِي كِتَابِهِ وَبِمَا وَصَفَهُ بِهِ رَسُولُهُ مُحَمَّدٌ صَلَّى اللَّهُ عَلَيْهِ وَسَلَّمَ مِنْ غَيْرِ: تَحْرِيفٍ وَلَا تَعْطِيلٍ، وَمِنْ غَيْرِ: تَكْيِيفٍ وَلَا تَمْثِيلٍ.**

* هذا الحديث يدل على فضل بر الوالدين.

* وبر الوالدين يدخله بر الوالدين بالمال وبالكلمات الطيبة وأشياء أخرى.

* النصيحة بالطريقة الشرعية أيضا من بر الوالدين كما فعل إبراهيم عليه السلام.

* تعلم العلم الشرعي ونشره من الجهاد يعني الجهاد بالعلم والبيان.

***[21]

---

[21] *Knowledge has a great status indeed. Learning and teaching can also be considered as struggling and striving in the path of Allah. This narration shows us that birr al-walidayn is beloved to Allah.*

٢. (حسن لغيره) حَدَّثَنَا آدَمُ قَالَ: حَدَّثَنَا شُعْبَةُ قَالَ: حَدَّثَنَا يَعْلَى بْنُ عَطَاءٍ عَنْ أَبِيهِ عَنْ عَبْدِ اللهِ بْنِ عُمَرَو قَالَ: رِضَا الرَّبِّ فِي رِضَا الْوَالِدِ وَسَخَطُ الرَّبِّ فِي سَخَطِ الْوَالِدِ.

التعليق

حسن لغيره. انظر تحقيق الشيخ محمد ناصر الدين رحمه الله تعالى.
سنن الترمذي ١٨٩٩ وسلسلة الأحاديث الصحيحة ٥١٦ وكتاب مصابيح السنة للبغوي ٣٨٣٣ وكتاب الجامع الصغير وزيادته ٥٨١٩ ومشكاة المصابيح ٤٩٢٧ والمعجم الكبير للطبراني ١٤٣٦٧ والإبانة الكبرى لابن بطة وشعب الإيمان لأبي بكر البيهقي ٧٤٤٧ وكتاب جامع الأحاديث للسيوطي ١٢٧٤٩ وشرح السنة للبغوي ٣٤٢٣ لأبي محمد البغوي وكتاب فتاوى نور على الدرب لابن باز ٢٥ وبلوغ المرام ١٤٥٧.

* قال الملا علي القاري المتوفى ١٠١٤ هـ رحمه الله: (وَعَنْ عَبْدِ اللَّهِ بْنِ عَمْرٍو) أَيِ: ابْنِ الْعَاصِ (قَالَ: قَالَ رَسُولُ اللَّهِ - صَلَّى اللَّهُ عَلَيْهِ وَسَلَّمَ: (رِضَا الرَّبِّ فِي رِضَا الْوَالِدِ) وَكَذَا حُكْمُ الْوَالِدَةِ بَلْ هِيَ أَوْلَى (وَسُخْطُ الرَّبِّ فِي سُخْطِ الْوَالِدِ). انتهى.

* الله سبحانه وتعالى قد أمر أن يطاع الأب وفي هذا الحديث النبوي وعيد.

* وفي حديث آخر رضا الله في رضا الوالدين.

* الجزاء من جنس العمل.

* لا يطاع الوالد في معصية الخالق.

* ولأجل بيان شأن الأب العظيم وشأن الأم العظيم اقرأ الأحاديث التالية في الأدب المفرد. والله تعالى أعلم.

²²
***

---

²² *May Allah help us and allow us to please our parents in a way that is pleasing to Him. This narration indicates the great status of the father. The system of Islam is the only way of life that has truly guaranteed the rights of the parents. Parents need to understand the stress and difficulties their children are going through in today's age. If children and parents try to understand each other (and act based upon knowledge) this will decrease the level of depression, stress and problems within the household. Allah the Mighty and Majestic said: "We have enjoined on man to be dutiful and kind to his parents" [46:15]. Allah the Mighty and Majestic said: "We have enjoined on man to be dutiful and kind to his parents" [29:8]. Allah the Mighty and Majestic said: "but behave with them in the world kindly" [31:15]. Allah the Mighty and Majestic said: "And your Lord has decreed that you worship none but Him. And that you be dutiful to your parents. If one of them or both of them attain old age in your life, say not to them a word of disrespect, nor shout at them but address them in terms of honour. Lower unto them the wing of submission and humility through mercy, and say: 'My Lord! Bestow on them Your Mercy as they did bring me up when I was young'" [17:23-24].*

٣. (حسن) حَدَّثَنَا أَبُو عَاصِمٍ عَنْ بَهْزِ بْنِ حَكِيمٍ عَنْ أَبِيهِ عَنْ جَدِّهِ قُلْتُ: يَا رَسُولَ اللهِ مَنْ أَبَرُّ قَالَ: أُمَّكَ قُلْتُ: مَنْ أَبَرُّ قَالَ: أُمَّكَ قُلْتُ: مَنْ أَبَرُّ قَالَ: أُمَّكَ قُلْتُ: مَنْ أَبَرُّ قَالَ: أَبَاكَ ثُمَّ الأَقْرَبَ فَالأَقْرَبَ.

| التعليق |

حسن. انظر تحقيق الشيخ محمد ناصر الدين رحمه الله. الترمذي ١٨٩٧ وأبو داود ٥١٣٩ وبلوغ المرام ١١٥٠ ومشكاة المصابيح ٤٩٢٩ وكتاب الجامع الصغير وزياداته للسيوطي ٢٢٧٩ ومسند الإمام أحمد ٢٠٠٤٨ والمعجم الكبير للطبراني ٩٥٧.

* في نسخة (ثم من أبر) إلا في السؤال الأول.

* قال الملا علي القاري رحمه الله: (قَالَ: قُلْتُ: يَا رَسُولَ اللَّهِ مَنْ أَبَرُّ) بِفَتْحِ الْمُوَحَّدَةِ وَتَشْدِيدِ الرَّاءِ عَلَى صِيغَةِ الْمُتَكَلِّمِ أَيْ: مَنْ أُحْسِنُ إِلَيْهِ وَمَنْ أَصِلُهُ (قَالَ: أُمَّكَ) : بِالنَّصْبِ أَيْ: بَرَّ أُمَّكَ وَصِلْهَا أَوَّلًا (قُلْتُ: ثُمَّ مَنْ) أَيْ: أَبَرُّ (قَالَ: أُمَّكَ قُلْتُ: ثُمَّ مَنْ قَالَ: أُمَّكَ).

* (ثُمَّ الأَقْرَبَ فَالأَقْرَبَ) هناك حقوق ونحن نبدأ بالواجبات قبل غيرها وفي هذه المسألة الأم قد ذكرت للمرة الثالثة ثم الأب ثم غيرهما بقوله صلى الله عليه وسلم (ثُمَّ الأَقْرَبَ فَالأَقْرَبَ).

* أسأل الكريم أن يحفظ نساء المسلمين جميعا على الدين والصراط المستقيم.

* الأم حقيقة هي مدرسة الأمة ولها منزلة عالية ومسؤولية عظيمة جدا وهي تستحق الحب والإكرام.

***

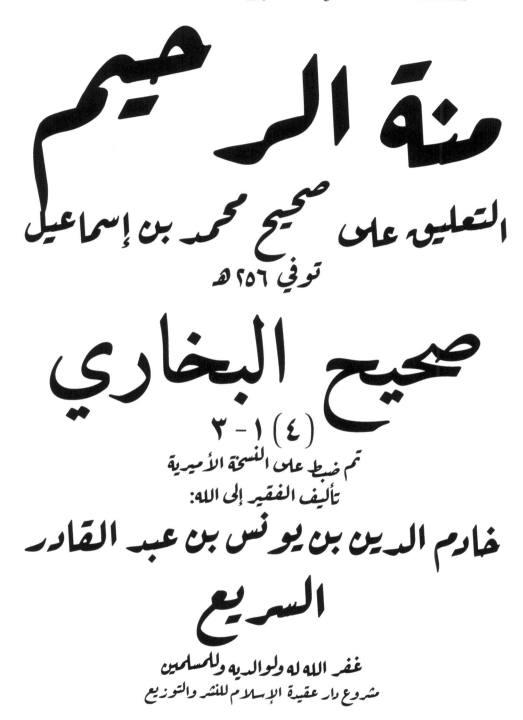

منة الرحيم

التعليق على صحيح محمد بن إسماعيل

توفي ٢٥٦هـ

صحيح البخاري

(٤) ١ - ٣

تم ضبط على النسخة الأميرية

تأليف الفقير إلى الله:

خادم الدين بن يونس بن عبد القادر السريع

غفر الله له ولوالديه وللمسلمين

مشروع دار عقيدة الإسلام للنشر والتوزيع

بسم الله الرحمن الرحيم

قال الشيخ الإمام الحافظ أبو عبد الله محمد بن إسماعيل بن إبراهيم بن المغيرة البخاري رحمه الله تعالى آمين [23]:

[24]كَيْفَ كَانَ بَدْءُ الْوَحْيِ إِلَى رَسُولِ اللَّهِ صلى الله عليه وسلم

وَقَوْلُ اللَّهِ جَلَّ [25] ذِكْرُهُ: ﴿إِنَّا أَوْحَيْنَا إِلَيْكَ كَمَا أَوْحَيْنَا إِلَى نُوحٍ وَالنَّبِيِّينَ مِنْ بَعْدِهِ﴾[26]

(منة الرحيم التعليق على صحيح محمد بن إسماعيل)

* الحمد لله رب العالمين والصلاة والسلام على أشرف الأنبياء والمرسلين نبينا محمد وعلى آله وأصحابه أجمعين أما بعد:

* الخير كله في الوحي وقد بدأ الإمام البخاري رحمه الله تعالى بكتاب بدء الوحي.

* والرسول صلى الله عليه وسلم لا ينطق عن الهوى: ﴿وَمَا يَنطِقُ عَنِ الْهَوَىٰ * إِنْ هُوَ إِلَّا وَحْيٌ يُوحَىٰ﴾ (سورة النجم ٣ -٤).

---

[23] بسم الله الرحمن الرحيم.

[24] باب.

[25] عز وجل.

[26] الآية.

﴿ القرآن وحي والسنة وحي ونحن نأخذ أدلتنا من الوحيين[27].

❋❋❋

---

[27] *The Book of Allah begins with (In the Name of Allah the Most Gracious the Most Merciful). It may be that Imam al-Bukhari (may Allah have mercy on him) praised Allah verbally. We derive knowledge from the Revelation. The noble verse clarifies to us that Revelation was also given to other Prophets beside the Messenger of Allah.*

١. حَدَّثَنَا الْحُمَيْدِيُّ عَبْدُ اللهِ بْنُ الزُّبَيْرِ قَالَ حَدَّثَنَا [28] سُفْيَانُ قَالَ حَدَّثَنَا [29] يَحْيَى بْنُ سَعِيدٍ الأَنْصَارِيُّ قَالَ: أَخْبَرَنِي مُحَمَّدُ بْنُ إِبْرَاهِيمَ التَّيْمِيُّ: أَنَّهُ سَمِعَ عَلْقَمَةَ بْنَ وَقَّاصٍ اللَّيْثِيَّ يَقُولُ سَمِعْتُ عُمَرَ بْنَ الْخَطَّابِ رضى الله عنه عَلَى الْمِنْبَرِ [30] قَالَ: سَمِعْتُ رَسُولَ اللهِ صلى الله عليه وسلم يَقُولُ (إِنَّمَا الأَعْمَالُ بِالنِّيَّاتِ وَإِنَّمَا لِكُلِّ امْرِئٍ مَا نَوَى فَمَنْ كَانَتْ هِجْرَتُهُ إِلَى دُنْيَا يُصِيبُهَا أَوْ إِلَى امْرَأَةٍ [31] يَنْكِحُهَا فَهِجْرَتُهُ إِلَى مَا هَاجَرَ إِلَيْهِ)[32].

________________ (منة الرحيم التعليق على صحيح محمد بن إسماعيل)

الحديث صحيح. رواه البخاري ١ ومسلم ١٩٠٧ وأبو داود ٢٢٠١ والنسائي ١\٥٨ - ٦٠ والترمذي ١٦٤٧ وابن ماجه ٤٢٢٧ والأربعون النووية وعمدة الأحكام ١.

* هذا الحديث يذكره العلماء في بداية شروحهم والدروس ويحفظ هذا الحديث كل طالب العلم.

* هذا الحديث يبين أن الأعمال المقبولة هي مقبولة بنية خالصة.

* الأعمال المردودة هي التي تخالف الشرع.

* كل عمل له نية. والنية هي للوضوء والصلاة والزكاة والصوم والحج وجميع الأعمال الصالحة.

* القرآن متواتر وأما السنة فإن أقسام الحديث قد شرحت في كتب المصطلح.

---

[28] عن.

[29] عن.

[30] يقول.

[31] أو امرأة.

[32] صحيح مسلم (١٩٠٧\١٥٥).

❋ هناك علاقة مهمة وكبيرة بين هذا الحديث وبين كتاب الطهارة³³.

❋ الأعمال بالإخلاص وقد قال الله سبحانه وتعالى: وَمَا أُمِرُوا إِلَّا لِيَعْبُدُوا اللَّهَ مُخْلِصِينَ لَهُ الدِّينَ حُنَفَاء

[البينة:٥] وقال الله سبحانه وتعالى: وَمَا لِأَحَدٍ عِنْدَهُ مِنْ نِعْمَةٍ تُجْزَى . إِلَّا ابْتِغَاءَ وَجْهِ رَبِّهِ الْأَعْلَى [الليل:

١٩-٢٠]³⁴. وقال تعالى: إِنَّمَا نُطْعِمُكُمْ لِوَجْهِ اللَّهِ لَا نُرِيدُ مِنْكُمْ جَزَاءً وَلَا شُكُورًا [الإنسان:٩]. وقال تعالى:

مَنْ كَانَ يُرِيدُ حَرْثَ الْآخِرَةِ نَزِدْ لَهُ فِي حَرْثِهِ وَمَنْ كَانَ يُرِيدُ حَرْثَ الدُّنْيَا نُؤْتِهِ مِنْهَا وَمَا لَهُ فِي الْآخِرَةِ مِنْ

نَصِيبٍ [الشورى: ٢٠]³⁵. وقال تعالى: مَنْ كَانَ يُرِيدُ الْحَيَاةَ الدُّنْيَا وَزِينَتَهَا نُوَفِّ إِلَيْهِمْ أَعْمَالَهُمْ فِيهَا وَهُمْ فِيهَا

لَا يُبْخَسُونَ . أُولَئِكَ الَّذِينَ لَيْسَ لَهُمْ فِي الْآخِرَةِ إِلَّا النَّارُ وَحَبِطَ مَا صَنَعُوا فِيهَا وَبَاطِلٌ مَا كَانُوا يَعْمَلُونَ [هود:

١٥-١٦].

✳✳✳

---

³³ *This narration is authentic and has been narrated in a number of works. There is no action except with intention. In terms of the action then one must understand there is an internal and external element. In terms of the actions of a Muslim then one must understand that there is an internal and external element. The internal action is the intention and the external action is that it is in accordance to the legislation.*

³⁴ *While no one has conferred any favour on him for which he would give a return. Except for seeking the Face of his Lord, The Most Exalted.*

³⁵ *Professor Dr Abdel Haleem translated this verse as (in his Oxford publication) If anyone desires a harvest in the life to come, We shall increase it for him; if anyone desires a harvest in this world, We shall give him a share of it, but in the Hereafter he will have no share.*

٢. حَدَّثَنَا عَبْدُ اللهِ بْنُ يُوسُفَ قَالَ أَخْبَرَنَا مَالِكٌ عَنْ هِشَامِ بْنِ عُرْوَةَ عَنْ أَبِيهِ عَنْ عَائِشَةَ أُمِّ الْمُؤْمِنِينَ رضى الله عنها: **أَنَّ الْحَارِثَ بْنَ هِشَامٍ رضى الله عنه سَأَلَ رَسُولَ اللَّهِ صلى الله عليه وسلم فَقَالَ يَا رَسُولَ اللهِ كَيْفَ يَأْتِيكَ الْوَحْيُ فَقَالَ رَسُولُ اللَّهِ صلى الله عليه وسلم (أَحْيَانًا يَأْتِينِي مِثْلَ صَلْصَلَةِ الْجَرَسِ وَهُوَ أَشَدُّهُ عَلَيَّ فَيُفْصَمُ عَنِّي وَقَدْ وَعَيْتُ عَنْهُ مَا قَالَ وَأَحْيَانًا يَتَمَثَّلُ لِيَ الْمَلَكُ رَجُلاً فَيُكَلِّمُنِي فَأَعِي مَا يَقُولُ). قَالَتْ عَائِشَةُ رضى الله عنها: وَلَقَدْ رَأَيْتُهُ يَنْزِلُ عَلَيْهِ الْوَحْيُ فِي الْيَوْمِ الشَّدِيدِ الْبَرْدِ فَيَفْصِمُ[36] عَنْهُ وَإِنَّ جَبِينَهُ لَيَتَفَصَّدُ عَرَقًا[37].**

______________(منة الرحيم التعليق على صحيح محمد بن إسماعيل)

* هذا الحديث في المسند أيضا.

* الصحابة رضي الله عنهم يسألون رسول اللهِ صلى الله عليه وسلم عن العلم.

---

[36] *Comes from the root word* فصم *which can be translated into undo or divide or separate or cut or split and **Allah** knows best.*

[37] *al-Harith bin Hisham (may Allah be pleased with him) asked the Messenger of Allah (may Allah's peace and blessings be upon him) so he said "O Messenger of Allah. How did the Divine Revelation come to you". The Messenger of Allah (may Allah's peace and blessings be upon him) said "sometimes it used to come to me like the ringing of a bell. It was the severest of it upon me. Then this cuts off after I have grasped what is inspired. Sometimes the Angel comes to me in the form of a man, he speaks to me and I grasp whatever he says. Aisha (may Allah be pleased with her) said: Indeed I saw him, the Revelation was coming to him, on a very cold day so it cuts off from him. Indeed his forehead was dropping sweat.*

* وأما الأحاديث الصحيحة الشريفة هي تدل على حرص الصحابة على العلم.

* وقد قال اللهِ سبحانه وتعالى في كتابه: ﴿إِنَّا سَنُلْقِي عَلَيْكَ قَوْلًا ثَقِيلًا (٥)﴾ (سورة المزمل). نوحي إليك هذا الكتاب وهو القرآن العظيم.

* وهناك أقوال كثيرة ومنها: القرآن كما ثقل في الدنيا ثَقُل في الموازين يوم القيامة وأن اللهِ وصفه بأنه قول ثقيل فهو كما وصفه.

* يأتي الوحي مثل صلصلة الجرس كما ذكر الحديث ويتمثل للرسول صلى الله عليه وسلم الملك رجلا. واللهِ تعالى أعلم.

* هذا القرآن كلام اللهِ سبحانه وتعالى. وكلام اللهِ ليس كلام البشر ونحن نؤمن بالملائكة وجبريل عليه السلام ملك من الملائكة.

38
***

---

38 *The Prophet Muhammad (may Allah's peace and blessings be upon him) was a human being. The Prophet Muhammad (may Allah's peace and blessings be upon him) sweats, eats, drinks and prays to Allah. Jesus (upon him be peace) ate, slept, drank and also did other human activities. They are not God and they should not be worshipped. Worship the creator not the creation.*

٣. حَدَّثَنَا يَحْيَى بْنُ بُكَيْرٍ قَالَ حَدَّثَنَا اللَّيْثُ عَنْ عُقَيْلٍ عَنِ ابْنِ شِهَابٍ عَنْ عُرْوَةَ بْنِ الزُّبَيْرِ عَنْ عَائِشَةَ أُمِّ الْمُؤْمِنِينَ أَنَّهَا قَالَتْ أَوَّلُ مَا بُدِئَ بِهِ رَسُولُ اللَّهِ صلى الله عليه وسلم مِنَ الْوَحْيِ الرُّؤْيَا الصَّالِحَةُ فِي النَّوْمِ فَكَانَ لاَ يَرَى رُؤْيَا إِلاَّ جَاءَتْ مِثْلَ فَلَقِ الصُّبْحِ[39].

ثُمَّ حُبِّبَ إِلَيْهِ الْخَلاَءُ وَكَانَ يَخْلُو بِغَارِ حِرَاءٍ فَيَتَحَنَّثُ فِيهِ ـ وَهُوَ التَّعَبُّدُ ـ اللَّيَالِيَ ذَوَاتِ الْعَدَدِ قَبْلَ أَنْ يَنْزِعَ إِلَى أَهْلِهِ وَيَتَزَوَّدُ لِذَلِكَ ثُمَّ يَرْجِعُ إِلَى خَدِيجَةَ فَيَتَزَوَّدُ لِمِثْلِهَا حَتَّى جَاءَهُ الْحَقُّ وَهُوَ فِي غَارِ حِرَاءٍ فَجَاءَهُ الْمَلَكُ فَقَالَ (اقْرَأْ). قَالَ (مَا أَنَا بِقَارِئٍ). قَالَ (فَأَخَذَنِي فَغَطَّنِي حَتَّى بَلَغَ مِنِّي الْجَهْدَ ثُمَّ أَرْسَلَنِي فَقَالَ اقْرَأْ. قُلْتُ مَا أَنَا بِقَارِئٍ. فَأَخَذَنِي فَغَطَّنِي الثَّانِيَةَ حَتَّى بَلَغَ مِنِّي الْجَهْدَ[40] ثُمَّ أَرْسَلَنِي فَقَالَ اقْرَأْ. فَقُلْتُ مَا أَنَا بِقَارِئٍ. فَأَخَذَنِي فَغَطَّنِي الثَّالِثَةَ ثُمَّ أَرْسَلَنِي فَقَالَ: ﴿اقْرَأْ بِاسْمِ رَبِّكَ الَّذِي خَلَقَ (١) خَلَقَ الإِنْسَانَ مِنْ عَلَقٍ (٢) اقْرَأْ وَرَبُّكَ الأَكْرَمُ﴾.

فَرَجَعَ بِهَا رَسُولُ اللَّهِ صلى الله عليه وسلم يَرْجُفُ [41] فُؤَادُهُ فَدَخَلَ عَلَى خَدِيجَةَ بِنْتِ خُوَيْلِدٍ رضى الله عنها فَقَالَ (زَمِّلُونِي زَمِّلُونِي). فَزَمَّلُوهُ حَتَّى ذَهَبَ عَنْهُ الرَّوْعُ [42] فَقَالَ لِخَدِيجَةَ - وَأَخْبَرَهَا الْخَبَرَ - (لَقَدْ خَشِيتُ

---

[39] *The beginning of the Divine Inspiration to the Messenger of Allah (may Allah's peace and blessings be upon him) was in the form of good dreams and he used to not seen dreams except they came true like bright daylight.*

[40] *I could not bear it any more.*

[41] *Heart beating severely.*

[42] *Fear.*

عَلَى نَفْسِي). فَقَالَتْ خَدِيجَةُ كَلاَّ وَاللهِ مَا يُخْزِيكَ اللهُ أَبَدًا إِنَّكَ لَتَصِلُ الرَّحِمَ وَتَحْمِلُ الْكَلَّ وَتَكْسِبُ الْمَعْدُومَ وَتَقْرِي الضَّيْفَ وَتُعِينُ عَلَى نَوَائِبِ الْحَقِّ[43].

فَانْطَلَقَتْ بِهِ خَدِيجَةُ حَتَّى أَتَتْ بِهِ وَرَقَةَ بْنَ نَوْفَلِ بْنِ أَسَدِ بْنِ عَبْدِ الْعُزَّى ابْنَ عَمِّ خَدِيجَةَ وَكَانَ امْرَأً تَنَصَّرَ فِي الْجَاهِلِيَّةِ وَكَانَ يَكْتُبُ الْكِتَابَ الْعِبْرَانِيَّ فَيَكْتُبُ مِنَ الإِنْجِيلِ بِالْعِبْرَانِيَّةِ مَا شَاءَ اللهِ أَنْ يَكْتُبَ وَكَانَ شَيْخًا كَبِيرًا قَدْ عَمِيَ فَقَالَتْ لَهُ خَدِيجَةُ يَا ابْنَ عَمِّ اسْمَعْ مِنَ ابْنِ أَخِيكَ. فَقَالَ لَهُ وَرَقَةُ يَا ابْنَ أَخِي مَاذَا تَرَى فَأَخْبَرَهُ رَسُولُ اللهِ صلى الله عليه وسلم خَبَرَ مَا رَأَى. فَقَالَ لَهُ وَرَقَةُ هَذَا النَّامُوسُ الَّذِي نَزَّلَ اللهِ عَلَى مُوسَى صلى الله عليه وسلم يَا لَيْتَنِي فِيهَا جَذَعًا لَيْتَنِي أَكُونُ حَيًّا إِذْ يُخْرِجُكَ قَوْمُكَ. فَقَالَ رَسُولُ اللهِ صلى الله عليه وسلم (أَوَمُخْرِجِيَّ هُمْ). قَالَ نَعَمْ لَمْ يَأْتِ رَجُلٌ قَطُّ بِمِثْلِ مَا جِئْتَ بِهِ إِلاَّ عُودِيَ وَإِنْ يُدْرِكْنِي يَوْمُكَ أَنْصُرْكَ نَصْرًا مُؤَزَّرًا. ثُمَّ لَمْ يَنْشَبْ وَرَقَةُ أَنْ تُوُفِّيَ وَفَتَرَ الْوَحْيُ.

(منة الرحيم التعليق على صحيح محمد بن إسماعيل) ______________

* النبي صلى الله عليه وسلم قد حدث عائشة هذا الحديث وهي زوجة الرسول صلى الله عليه وسلم.

* إذا صح الحديث إلى الصحابي فهذا الحديث يأخذ حكم الرفع لأن الصحابة لا يكذبون رضي الله عنهم أجمعين.

* وهناك تفصيل في هذه المسألة. وهذا الحديث النبوي الشريف (وهو الحديث الثالث) دليل من السنة على أن الرؤيا الصالحة نوع من أنواع الوحي كما جاء في هذا الحديث.

---

[43] *Help the poor and the destitute, serve your guests generously and assist the deserving calamity-afflicted ones.*

* الرؤيا جاءت واضحة بينة وقد حبب إليه الخلاء والخلوة بعيد عن الناس وكان يذهب إلى غار حراء. في هذه الأيام وهي أيام الفتن الكثيرة.

* أقول أن المسلم يحتاج الخلوة ولها ثمرات عظيمة ومنها التدبر وتجديد النية ويحاسب المسلم نفسه في الدنيا قبل أن يحاسب يوم الحساب. أثر عمر رضي الله عنه : حَاسِبُوا أَنْفُسَكُمْ قَبْلَ أَنْ تُحَاسَبُوا ، وَزِنُوا أَنْفُسَكُمْ قَبْلَ أَنْ تُوزَنُوا.

* قال الله تعالى: **يَا أَيُّهَا الَّذِينَ آمَنُوا اتَّقُوا اللَّهَ وَلْتَنْظُرْ نَفْسٌ مَا قَدَّمَتْ لِغَدٍ [الحشر: ١٨].**

* (وهو التعبد) هذا من كلام الزهري يعني مدرجة.

* وأما (التحنث) هنا يطلق على التخلي من الإثم.

* (مسائل العقيدة) (يتزود) الرسول صلى الله عليه وسلم بشر لأنه أكل وشرب. الله لا يأكل ولا يشرب وهذا رد على كل من عبد عبدا من عباد الله.

* عيسى عليه السلام أيضا كان يأكل وهذا الأمر مذكور في كتابهم المحرف ولكنهم يعبدون عيسى عليه السلام ويقولون أن عيسى الله أو أن عيسى ثالث ثلاثة.

* (مسائل علم الفرق) الفرقة البريلوية فرقة صوفية ومعظم أتباعها من شبه القارة الهندية الباكستانية ومن ذرياتهم في دول مختلفة.

* وقد أسس هذه الفرقة أحمد رضا خان. والمؤسس وأتباعه غلوا في رسول الله صلى الله عليه وسلم. وهم أصحاب الخرافات والموضوعات. قَالَ رَسُولُ اللَّهِ صَلَّى اللَّهُ عَلَيْهِ وَسَلَّمَ : (هَلَكَ الْمُتَنَطِّعُونَ . قَالَهَا ثَلَاثًا) رواه مسلم.

*** [44]

---

[44] *The Messenger of Allah (may Allah's peace and blessings be upon him) the extremists and destroyed. Narrated by Muslim.*

Page 57 - Please use any available space for your notes.

الكنز والتكرار التعليق على أحاديث النبي المختار

Primary English Edition & C[illegible] for Our Higher Education Students

الزاد المحمود

التعليق على

سنن أبي داود

للإمام الحافظ أبي داود سليمان بن الأشعث الأزدي السِّجِسْتاني

٢٧٥ هـ

(٥)

تأليف الفقير إلى الله:

خادم الدين بن يونس بن عبد القادر السريع

غفر الله له ولوالديه وللمسلمين

مشروع دار عقيدة الإسلام للنشر والتوزيع

بسم الله الرحمن الرحيم

١- كتاب الطهارة

(١) باب التخلي[45] عند قضاء الحاجة

١. | صحيح لغيره | حَدَّثَنَا عَبْدُ اللَّهِ بْنُ مَسْلَمَةَ بْنِ قَعْنَبٍ الْقَعْنَبِيُّ حَدَّثَنَا عَبْدُ الْعَزِيزِ - يَعْنِي ابْنَ مُحَمَّدٍ - عَنْ مُحَمَّدٍ - يَعْنِي ابْنَ عَمْرٍو - عَنْ أَبِي سَلَمَةَ عَنِ الْمُغِيرَةِ بْنِ شُعْبَةَ أَنَّ النَّبِيَّ صلى الله عليه وسلم كَانَ إِذَا ذَهَبَ الْمَذْهَبَ أَبْعَدَ.

| التعليق |

الترمذي ٢٠ والنسائي ١٧ وابن ماجه ٣٣١ و٣٣٣ ومسند الإمام أحمد ١٨١٧١.

* وأما محمد بن عمرو وهو الليثي هو صدوق.

* تحقيق الشيخ شعيب الأرنؤوط رحمه الله تعالى: صحيح لغيره وهذا إسناد حسن من أجل محمد بن عمرو وهو ابن علقمة الليثي. حسن صحيح (تحقيق أحمد شاكر) وصحيح سنن أبي داود (تحقيق العلامة محمد ناصر الدين).

* (المذهب) يعني موضع التغوط أو الذهاب إلى ذلك الموضع. المكان الذي يذهب إليه أو المصدر مذهبا.

* وإذا كان في الفضاء يستحب الأبعاد. لماذا؟ النبي صلى الله عليه وسلم قد فعله وحتى لا يرى. والدليل سيأتي أيضا إنشاء الله تعالى.

---

[45] **يعني التفرد.**

* الاستتار - ويستحب استتار البدن كله وأما كشف العورة هو حرام يعني استتار العورة واجب [46].

[47]

***

---

[46] وقد ذكر الشيخ محمد بن علي بن محمد الشوكاني (١١٧٣ هـ - ١٢٥٠ هـ) رحمه الله: (على المتخلي الاستتار حتى يدنو (يعني من الأرض) والبعد أو دخول الكنيف (يعني المرحاض)) وهذا في الدرر البهية في المسائل الفقهية في باب قضاء الحاجة. ورأي الشوكاني رحمه الله هو لا يكشف عورته إلا عند القعود.

[47] *This narration is recorded in at-Tirmidhi, an-Nasai, Ibn Majah and Musnad al-Imam Ahmad.*

٢. | صحيح لغيره وهذا إسناد ضعيف | حَدَّثَنَا مُسَدَّدُ بْنُ مُسَرْهَدٍ حَدَّثَنَا عِيسَى بْنُ يُونُسَ أَخْبَرَنَا إِسْمَاعِيلُ بْنُ عَبْدِ الْمَلِكِ عَنْ أَبِي الزُّبَيْرِ عَنْ جَابِرِ بْنِ عَبْدِ اللَّهِ أَنَّ النَّبِيَّ صلى الله عليه وسلم كَانَ إِذَا أَرَادَ الْبَرَازَ انْطَلَقَ حَتَّى لاَ يَرَاهُ أَحَدٌ.

| التعليق |

صحيح لغيره وهذا إسناد ضعيف لضعف إسماعيل بن عبد الملك (تحقيق الشيخ العلامة شعيب الأرنؤوط رحمه الله).

* إسماعيل عبد الملك صدوق كثير الوهم وأبو الزبير مدلس (انظر تحقيق أحمد محمد شاكر رحمه الله).

مشكاة المصابيح ٣٤٤ وسنن أبي داود ٢.

* البراز اسم للفضاء الواسع من الأرض. تبرز فلان بن فلان يعني تغوط وهو أن يخرج إلى البراز. البراز هو المكان الذي تقضى فيه الحاجة وهو الفضاء.

* هذا الحديث في سنن أبي داود رحمه الله حديث جابر بن عبد الله الأنصاري وهذا الحديث يوضح المعنى.

* النبي صلى الله صلى الله عليه وسلم كان يذهب بعيداً عن الأنظار حتى لا يراه أحد صلى الله عليه وسلم.

[48]
❋❋❋

[48] *We learn in Islam the manners of relieving oneself. Islam is a Religion of modesty, manners and it is a way of life. Our beloved Messenger would go away far so no one would see him (may Allah's peace and blessings be upon him).*

Page 63 - Please use any available space for your notes.

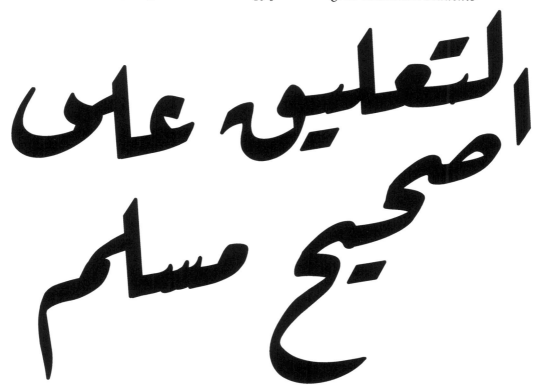

التعليق على صحيح مسلم

لأبي الحسين مسلم بن الحجاج بن مسلم القشيري النيسابوري

٢٠٦ - ٢٦١ هـ

(٦)

تأليف الفقير إلى الله:

خادم الدين بن يونس بن عبد القادر السريع

غفر الله له ولوالديه وللمسلمين

مشروع دار عقيدة الإسلام للنشر والتوزيع

مقدمة الإمام مسلم رحمه الله

بِسْمِ اللهِ الرَّحْمَنِ الرَّحِيمِ

In the Name of Allah the Most Gracious the Most Merciful

الْحَمْدُ لِلَّهِ رَبِّ الْعَالَمِينَ وَالْعَاقِبَةُ لِلْمُتَّقِينَ وَصَلَّى اللهُ عَلَى مُحَمَّدٍ خَاتَمِ النَّبِيِّينَ وَعَلَى جَمِيعِ الْأَنْبِيَاءِ وَالْمُرْسَلِينَ أَمَّا بَعْدُ فَإِنَّكَ يَرْحَمُكَ اللهُ بِتَوْفِيقِ خَالِقِكَ ذَكَرْتَ أَنَّكَ هَمَمْتَ بِالْفَحْصِ عَنْ تَعَرُّفِ جُمْلَةِ الْأَخْبَارِ الْمَأْثُورَةِ عَنْ رَسُولِ اللهِ صَلَّى اللهُ عَلَيْهِ وَسَلَّمَ فِي سُنَنِ الدِّينِ وَأَحْكَامِهِ وَمَا كَانَ مِنْهَا فِي الثَّوَابِ وَالْعِقَابِ وَالتَّرْغِيبِ وَالتَّرْهِيبِ وَغَيْرِ ذَلِكَ مِنْ صُنُوفِ الْأَشْيَاءِ بِالْأَسَانِيدِ الَّتِي بِهَا نُقِلَتْ وَتَدَاوَلَهَا أَهْلُ الْعِلْمِ فِيمَا بَيْنَهُمْ فَأَرَدْتَ أَرْشَدَكَ اللهُ أَنْ تُوَقَّفَ عَلَى جُمْلَتِهَا مُؤَلَّفَةً مُحْصَاةً وَسَأَلْتَنِي أَنْ أُلَخِّصَهَا لَكَ فِي التَّأْلِيفِ بِلَا تَكْرَارٍ يَكْثُرُ فَإِنَّ ذَلِكَ زَعَمْتَ مِمَّا يَشْغَلُكَ عَمَّا لَهُ قَصَدْتَ مِنَ التَّفَهُّمِ فِيهَا وَالِاسْتِنْبَاطِ مِنْهَا وَلِلَّذِي سَأَلْتَ أَكْرَمَكَ اللهُ حِينَ رَجَعْتُ إِلَى تَدَبُّرِهِ وَمَا تَؤُولُ بِهِ الْحَالُ إِنْ شَاءَ اللهُ عَاقِبَةٌ مَحْمُودَةٌ وَمَنْفَعَةٌ مَوْجُودَةٌ وَظَنَنْتُ حِينَ سَأَلْتَنِي تَجَشُّمَ ذَلِكَ أَنْ لَوْ عُزِمَ لِي عَلَيْهِ وَقُضِيَ لِي تَمَامُهُ كَانَ أَوَّلُ مَنْ يُصِيبُهُ نَفْعُ ذَلِكَ إِيَّايَ خَاصَّةً قَبْلَ غَيْرِي مِنَ النَّاسِ لِأَسْبَابٍ كَثِيرَةٍ يَطُولُ بِذِكْرِهَا الْوَصْفُ، إِلَّا أَنَّ جُمْلَةَ ذَلِكَ أَنَّ ضَبْطَ الْقَلِيلِ مِنْ هَذَا الشَّأْنِ وَإِتْقَانَهُ أَيْسَرُ عَلَى الْمَرْءِ مِنْ مُعَالَجَةِ الْكَثِيرِ مِنْهُ وَلَا سِيَّمَا عِنْدَ مَنْ لَا تَمْيِيزَ عِنْدَهُ مِنَ الْعَوَامِّ إِلَّا بِأَنْ يُوَقِّفَهُ عَلَى التَّمْيِيزِ غَيْرُهُ فَإِذَا كَانَ الْأَمْرُ فِي هَذَا كَمَا وَصَفْنَا فَالْقَصْدُ مِنْهُ إِلَى الصَّحِيحِ الْقَلِيلِ أَوْلَى بِهِمْ مِنَ ازْدِيَادِ السَّقِيمِ وَإِنَّمَا يُرْجَى بَعْضُ الْمَنْفَعَةِ فِي الِاسْتِكْثَارِ مِنْ هَذَا الشَّأْنِ وَجَمْعِ الْمُكَرَّرَاتِ مِنْهُ لِخَاصَّةٍ مِنَ النَّاسِ مِمَّنْ رُزِقَ فِيهِ بَعْضَ التَّيَقُّظِ وَالْمَعْرِفَةِ بِأَسْبَابِهِ وَعِلَلِهِ فَذَلِكَ إِنْ شَاءَ اللهُ يَهْجُمُ بِمَا أُوتِيَ مِنْ ذَلِكَ عَلَى الْفَائِدَةِ فِي الِاسْتِكْثَارِ مِنْ جَمْعِهِ فَأَمَّا عَوَامُّ

النَّاسِ الَّذِينَ هُمْ بِخِلَافِ مَعَانِي الْخَاصِّ مِنْ أَهْلِ التَّيَقُّظِ وَالْمَعْرِفَةِ فَلَا مَعْنَى لَهُمْ فِي طَلَبِ الْكَثِيرِ وَقَدْ عَجَزُوا عَنْ مَعْرِفَةِ الْقَلِيلِ ثُمَّ إِنَّا إِنْ شَاءَ اللهُ مُبْتَدِئُونَ فِي تَخْرِيجِ مَا سَأَلْتَ وَتَأْلِيفِهِ عَلَى شَرِيطَةٍ سَوْفَ أَذْكُرُهَا لَكَ وَهُوَ إِنَّا نَعْمِدُ إِلَى جُمْلَةِ مَا أُسْنِدَ مِنَ الْأَخْبَارِ عَنْ رَسُولِ اللهِ صَلَّى اللهُ عَلَيْهِ وَسَلَّمَ فَنَقْسِمُهَا عَلَى ثَلَاثَةِ أَقْسَامٍ وَثَلَاثِ طَبَقَاتٍ مِنَ النَّاسِ عَلَى غَيْرِ تَكْرَارٍ إِلَّا أَنْ يَأْتِيَ مَوْضِعٌ لَا يُسْتَغْنَى فِيهِ عَنْ تَرْدَادِ حَدِيثٍ فِيهِ زِيَادَةُ مَعْنًى أَوْ إِسْنَادٌ يَقَعُ إِلَى جَنْبِ إِسْنَادٍ لِعِلَّةٍ تَكُونُ هُنَاكَ لِأَنَّ الْمَعْنَى الزَّائِدَ فِي الْحَدِيثِ الْمُحْتَاجَ إِلَيْهِ يَقُومُ مَقَامَ حَدِيثٍ تَامٍّ فَلَا بُدَّ مِنْ إِعَادَةِ الْحَدِيثِ الَّذِي فِيهِ مَا وَصَفْنَا مِنَ الزِّيَادَةِ أَوْ أَنْ يُفَصَّلَ ذَلِكَ الْمَعْنَى مِنْ جُمْلَةِ الْحَدِيثِ عَلَى اخْتِصَارِهِ إِذَا أَمْكَنَ وَلَكِنْ تَفْصِيلُهُ رُبَّمَا عَسُرَ مِنْ جُمْلَتِهِ فَإِعَادَتُهُ بِهَيْئَتِهِ إِذَا ضَاقَ ذَلِكَ أَسْلَمُ فَأَمَّا مَا وَجَدْنَا بُدًّا مِنْ إِعَادَتِهِ بِجُمْلَتِهِ مِنْ غَيْرِ حَاجَةٍ مِنَّا إِلَيْهِ فَلَا نَتَوَلَّى فِعْلَهُ إِنْ شَاءَ اللهُ تَعَالَى فَأَمَّا الْقِسْمُ الْأَوَّلُ فَإِنَّا نَتَوَخَّى أَنْ نُقَدِّمَ الْأَخْبَارَ الَّتِي هِيَ أَسْلَمُ مِنَ الْعُيُوبِ مِنْ غَيْرِهَا وَأَنْقَى مِنْ أَنْ يَكُونَ نَاقِلُوهَا أَهْلَ اسْتِقَامَةٍ فِي الْحَدِيثِ وَإِتْقَانٍ لِمَا نَقَلُوا لَمْ يُوجَدْ فِي رِوَايَتِهِمْ اخْتِلَافٌ شَدِيدٌ وَلَا تَخْلِيطٌ فَاحِشٌ كَمَا قَدْ عُثِرَ فِيهِ عَلَى كَثِيرٍ مِنَ الْمُحَدِّثِينَ وَبَانَ ذَلِكَ فِي حَدِيثِهِمْ فَإِذَا نَحْنُ تَقَصَّيْنَا أَخْبَارَ هَذَا الصِّنْفِ مِنَ النَّاسِ أَتْبَعْنَاهَا أَخْبَارًا يَقَعُ فِي أَسَانِيدِهَا بَعْضُ مَنْ لَيْسَ بِالْمَوْصُوفِ بِالْحِفْظِ وَالْإِتْقَانِ كَالصِّنْفِ الْمُقَدَّمِ قَبْلَهُمْ عَلَى أَنَّهُمْ وَإِنْ كَانُوا فِيمَا وَصَفْنَا دُونَهُمْ فَإِنَّ اسْمَ السَّتْرِ وَالصِّدْقِ وَتَعَاطِي الْعِلْمِ يَشْمَلُهُمْ كَعَطَاءِ بْنِ السَّائِبِ وَيَزِيدَ بْنِ أَبِي زِيَادٍ وَلَيْثِ بْنِ أَبِي سُلَيْمٍ، وَأَضْرَابِهِمْ مِنْ حُمَّالِ الْآثَارِ وَنُقَّالِ الْأَخْبَارِ فَهُمْ وَإِنْ كَانُوا بِمَا وَصَفْنَا مِنَ الْعِلْمِ وَالسَّتْرِ عِنْدَ أَهْلِ الْعِلْمِ مَعْرُوفِينَ فَغَيْرُهُمْ مِنْ أَقْرَانِهِمْ مِمَّنْ عِنْدَهُمْ مَا ذَكَرْنَا مِنَ الْإِتْقَانِ وَالِاسْتِقَامَةِ فِي الرِّوَايَةِ يَفْضُلُونَهُمْ فِي الْحَالِ وَالْمَرْتَبَةِ لِأَنَّ هَذَا عِنْدَ أَهْلِ الْعِلْمِ دَرَجَةٌ رَفِيعَةٌ وَخَصْلَةٌ سَنِيَّةٌ أَلَا تَرَى أَنَّكَ إِذَا وَازَنْتَ هَؤُلَاءِ الثَّلَاثَةَ الَّذِينَ سَمَّيْنَاهُمْ عَطَاءً وَيَزِيدَ، وَلَيْثًا بِمَنْصُورِ بْنِ الْمُعْتَمِرِ وَسُلَيْمَانَ الْأَعْمَشِ وَإِسْمَاعِيلَ بْنِ أَبِي

خَالِدٍ فِي إِتْقَانِ الْحَدِيثِ وَالِاسْتِقَامَةِ فِيهِ وَجَدْتَهُمْ مُبَايِنِينَ لَهُمْ لَا يُدَانُونَهُمْ لَا شَكَّ عِنْدَ أَهْلِ الْعِلْمِ بِالْحَدِيثِ فِي ذَلِكَ لِلَّذِي اسْتَفَاضَ عِنْدَهُمْ مِنْ صِحَّةِ حِفْظِ مَنْصُورٍ وَالْأَعْمَشِ وَإِسْمَاعِيلَ وَإِتْقَانِهِمْ لِحَدِيثِهِمْ وَأَنَّهُمْ لَمْ يَعْرِفُوا مِثْلَ ذَلِكَ مِنْ عَطَاءٍ وَيَزِيدَ وَلَيْثٍ وَفِي مِثْلِ مَجْرَى هَؤُلَاءِ إِذَا وَازَنْتَ بَيْنَ الْأَقْرَانِ كَابْنِ عَوْنٍ وَأَيُّوبَ السَّخْتِيَانِيِّ مَعَ عَوْفِ بْنِ أَبِي جَمِيلَةَ وَأَشْعَثَ الْحُمْرَانِيِّ وَهُمَا صَاحِبَا الْحَسَنِ وَابْنِ سِيرِينَ كَمَا أَنَّ ابْنَ عَوْنٍ وَأَيُّوبَ صَاحِبَاهُمَا إِلَّا أَنَّ الْبَوْنَ بَيْنَهُمَا، وَبَيْنَ هَذَيْنِ بَعِيدٌ فِي كَمَالِ الْفَضْلِ وَصِحَّةِ النَّقْلِ وَإِنْ كَانَ عَوْفٌ وَأَشْعَثُ غَيْرَ مَدْفُوعَيْنِ عَنْ صِدْقٍ وَأَمَانَةٍ عِنْدَ أَهْلِ الْعِلْمِ وَلَكِنَّ الْحَالَ مَا وَصَفْنَا مِنَ الْمَنْزِلَةِ عِنْدَ أَهْلِ الْعِلْمِ وَإِنَّمَا مَثَّلْنَا هَؤُلَاءِ فِي التَّسْمِيَةِ لِيَكُونَ تَمْثِيلُهُمْ سِمَةً يَصْدُرُ عَنْ فَهْمِهَا مَنْ غَبِيَ عَلَيْهِ طَرِيقُ أَهْلِ الْعِلْمِ فِي تَرْتِيبِ أَهْلِهِ فِيهِ فَلَا يُقَصَّرُ بِالرَّجُلِ الْعَالِي الْقَدْرِ عَنْ دَرَجَتِهِ وَلَا يُرْفَعُ مُتَّضِعُ الْقَدْرِ فِي الْعِلْمِ فَوْقَ مَنْزِلَتِهِ.

التعليق على سنن ابن ماجه

للإمام أبي عبد الله محمد بن يزيد بن ماجه القزويني
توفي ٢٧٣هـ

(٧) ١- ٢

تأليف الفقير إلى الله:

خادم الدين بن يونس بن عبد القادر السريع

غفر الله له ولوالديه وللمسلمين

مشروع دار عقيدة الإسلام للنشر والتوزيع

| المتن |

بسم الله الرحمن الرحيم

بَابُ اتِّبَاعِ سُنَّةِ رَسُولِ اللَّهِ صَلَّى اللهُ عَلَيْهِ وَسَلَّمَ

١.| حكم الحديث (صحيح) [49] | حَدَّثَنَا أَبُو بَكْرِ بْنُ أَبِي شَيْبَةَ قَالَ: حَدَّثَنَا شَرِيكٌ عَنِ الْأَعْمَشِ عَنْ أَبِي صَالِحٍ عَنْ أَبِي هُرَيْرَةَ قَالَ: قَالَ رَسُولُ اللَّهِ صَلَّى اللهُ عَلَيْهِ وَسَلَّمَ: (مَا أَمَرْتُكُمْ بِهِ فَخُذُوهُ وَمَا نَهَيْتُكُمْ عَنْهُ فَانْتَهُوا).

| التعليق |

سلسلة الأحاديث الصحيحة ٨٥٠ وسنن ابن ماجه ١ وأحمد ٨٦٦٤ و١٠٢٥٥ و٩٥٢٣ و٩٨٨٧ و ٧٥٠١ وسنن ابن ماجه ٢ ومسلم ٣٢٣٦ - ١٣٣٧\٤١٢ والأربعون النووية ٩.

* ما نهيتكم يعني النبي صلى الله عليه وسلم اجتنبوا لأن الرسول صلى الله عليه وسلم قد نهى هذا الأمر.

* نهي التحريم يعني لا يجوز فعله.

* هناك أسئلة محمودة وهناك أسئلة مذمومة.

* أسئلة عن الفرائض أسئلة واجبة للجاهل.

---

[49] هذه الأحكام ليست من متن سنن ابن ماجه.

* وقد قال الإمام النووي رحمه الله: أن يسأل عن شيء لم يوجبه الله عليه ولا على غيره وعلى هذا حمل الحديث لأنه قد يكون في السؤال ترتب مشقة بسبب تكليف يحصل ولهذا قال صلى الله عليه وسلم: وسكت عن أشياء رحمة لكم فلا تسألوا عنها.

* هذا الحديث يدل على وجوب ترك المعاصي والمخالفات الشرعية وهذا يشمل القليل والكثير.

* وقد قال الله تعالى فاتقوا الله ما استطعتم. لا يجب على الإنسان أكثر مما يستطيع.

* المسلم إذا لم يقدر على فعل الفرائض كلها مثل من لم يستطع أن يصلي قائما فليفعل ما استطاع يعني يصلي جالسا.

* هذا الحديث أيضا يذكر سبب هلاك أهل الكتاب. هلكوا بكثرة مسائلهم وبكثرة الاختلاف على أنبيائهم. وقد قال الله تعالى:

﴿يَا أَيُّهَا الَّذِينَ آمَنُوا لَا تَسْأَلُوا عَنْ أَشْيَاءَ إِن تُبْدَ لَكُمْ تَسُؤْكُمْ وَإِن تَسْأَلُوا عَنْهَا حِينَ يُنَزَّلُ الْقُرْآنُ تُبْدَ لَكُمْ عَفَا اللَّهُ عَنْهَا ۗ وَاللَّهُ غَفُورٌ حَلِيمٌ * قَدْ سَأَلَهَا قَوْمٌ مِّن قَبْلِكُمْ ثُمَّ أَصْبَحُوا بِهَا كَافِرِينَ﴾

(المائدة ١٠١ - ١٠٢)

***

٠٢ | صحيح | حَدَّثَنَا حَدَّثَنَا مُحَمَّدُ بْنُ الصَّبَّاحِ: أخبرنا جَرِيرٌ عَنِ الأَعْمَشِ عَنْ أَبِي صَالِحٍ عَنْ أَبِي هُرَيْرَةَ قَالَ قَالَ رَسُولُ اللَّهِ ـ صلى الله عليه وسلم: ذَرُونِي مَا تَرَكْتُكُمْ فَإِنَّمَا هَلَكَ مَنْ كَانَ قَبْلَكُمْ بِسُؤَالِهِمْ وَاخْتِلاَفِهِمْ عَلَى أَنْبِيَائِهِمْ فَإِذَا أَمَرْتُكُمْ بِشَىْءٍ فَخُذُوا مِنْهُ مَا اسْتَطَعْتُمْ وَإِذَا نَهَيْتُكُمْ عَنْ شَىْءٍ فَانْتَهُوا.

| الشرح |

سلسلة الأحاديث الصحيحة ٨٥٠ وسنن ابن ماجه ١ ومسند الإمام أحمد ٦١١٥ و٨٦٦٤ و١٠٢٥٥ و٩٥٢٣ و٩٨٨٧ و٧٥٠١ وسنن ابن ماجه ٢ ومسلم ٣٢٣٦ - ١٣٣٧\٤١٢ والأربعون النووية ٩.

* ما نهيتكم يعني النبي صلى الله عليه وسلم اجتنبوا لأن الرسول صلى الله عليه وسلم قد نهى هذا الأمر.

* نهي التحريم لا يجوز فعله.

* هناك أسئلة محمودة وهناك أسئلة مذمومة.

* أسئلة عن الفرائض أسئلة واجبة للجاهل.

* وقد قال الإمام النووي رحمه الله: أن يسأل عن شيء لم يوجبه الله عليه ولا على غيره وعلى هذا حمل الحديث لأنه قد يكون في السؤال ترتب مشقة بسبب تكليف يحصل ولهذا قال صلى الله عليه وسلم: وسكت عن أشياء رحمة لكم فلا تسألوا عنها.

⁕ هذا الحديث يدل على وجوب ترك المعاصي والمخالفات الشرعية وهذا يشمل القليل والكثير.

⁕ وقد قال الله تعالى **فاتقوا الله ما استطعتم** . لا يجب على الإنسان أكثر مما يستطيع.

⁕ المسلم إذا لم يقدر على فعل الفرائض كلها مثل من لم يستطع أن يصلي قائما فليفعل ما استطاع يعني يصلي جالسا.

⁕ هذا الحديث أيضا يذكر سبب هلاك أهل الكتاب. هلكوا بكثرة مسائلهم وبكثرة الاختلاف على أنبيائهم.

⁕ وقد قال الله تعالى:

(يَا أَيُّهَا الَّذِينَ آمَنُوا لَا تَسْأَلُوا عَنْ أَشْيَاءَ إِن تُبْدَ لَكُمْ تَسُؤْكُمْ وَإِن تَسْأَلُوا عَنْهَا حِينَ يُنَزَّلُ الْقُرْآنُ تُبْدَ لَكُمْ عَفَا اللَّهُ عَنْهَا ۗ وَاللَّهُ غَفُورٌ حَلِيمٌ * قَدْ سَأَلَهَا قَوْمٌ مِّن قَبْلِكُمْ ثُمَّ أَصْبَحُوا بِهَا كَافِرِينَ)

المائدة ١٠١ - ١٠٢

⁕⁕⁕

التعليق على شمائل النبي

(٨) ا

لأبي عيسى محمد بن عيسى الترمذي

توفي ٢٧٩ هـ

تأليف الفقير إلى الله:

خادم الدين بن يونس بن عبد القادر السريع

غفر الله له ولوالديه وللمسلمين

مشروع دار عقيدة الإسلام للنشر والتوزيع

شرح شمائل النبي

بسم الله الرحمن الرحيم

(١)

باب ما جاء في خَلقِ رسولِ الله صلى الله عليه وسلم

قال الحافظ أبو عيسى محمد بن عيسى بن سورة الترمذي (رحمه الله):

١. أخبرنا[50] أَبُو رَجَاءٍ قُتَيْبَةُ بْنُ سَعِيدٍ عَنْ مَالِكِ بْنِ أَنَسٍ عَنْ رَبِيعَةَ بْنِ أَبِي عَبْدِ الرَّحْمَنِ عَنْ أَنَسِ بْنِ مَالِكٍ أَنَّهُ سَمِعَهُ يَقُولُ كَانَ رَسُولُ اللهِ صلى **الله** عليه وسلم لَيْسَ بِالطَّوِيلِ الْبَائِنِ [51] وَلاَ بِالْقَصِيرِ وَلاَ بِالأَبْيَضِ الأَمْهَقِ [52] وَلاَ بِالآدَمِ[53] وَلاَ بِالْجَعْدِ الْقَطَطِ [54] وَلاَ بِالسَّبْطِ [55] بَعَثَهُ اللهُ تَعَالَى عَلَى رَأْسِ أَرْبَعِينَ سَنَةً فَأَقَامَ بِمَكَّةَ عَشْرَ سِنِينَ وَبِالْمَدِينَةِ عَشْرَ سِنِينَ وَتَوَفَّاهُ اللهُ تَعَالَى عَلَى رَأْسِ سِتِّينَ سَنَةً وَلَيْسَ فِي رَأْسِهِ وَلِحْيَتِهِ عِشْرُونَ شَعَرَةً بَيْضَاءَ.

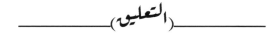

(التعليق)

---

[50] وفي نسخة (حدثنا).

[51] *(Not too tall).*

[52] *(Not absolutely/fully/totally white).*

[53] *(Not brown/tanned skin).*

[54] *(Not curley/frizzled).*

[55] *(Not totally straight).*

(١) صحيح وقد أخرجه البخاري ٣٥٤٨ و ٥٩٠٠ ومسلم ٤-١١٣-١٨٢٤ ومالك في الموطأ ٢-١-٩١٩ وأحمد في مسنده ٣-٢٤٠ والترمذي.

* أنس رضي **الله** عنه كان خادم الرسول صلى **الله** عليه وسلم.

* الطويل البائن يعني المفرط الطول و الأمهق يعني الشديد.

* هذا يدل على طول المصطفى صلى **الله** عليه وسلم وأنه متوسط صلى **الله** عليه وسلم والرسول صلى الله عليه وسلم كان إلى الطول أقرب وليس بالقصير.

* أمهق يعني البياض الخالص والآدَم يعني الأسمر (وَلاَ بِالأَبْيَضِ الأَمْهَقِ وَلاَ بِالآدَمِ).

* الآن ننتقل إلى صفة شَعر الرسول الكريم صلى **الله** عليه وسلم. (وَلاَ بِالْجَعْدِ الْقَطَطِ وَلاَ بِالسَّبْطِ) يعني وسط بينهما وخير الأمور أوسطها.

* أنس بن مالك رضي **الله** عنه كان يعرف من صفات الرسول ما لا يعرفه كثير من الناس.

* الآن ننتقل إلى عمره صلى **الله** عليه وسلم. والرسول صلى **الله** عليه وسلم نبئ باقرأ وأرسل بالمدثر وبلده مكة وهاجر إلى المدينة وقد بعثه الله بالنذارة عن الشرك ويدعو إلى التوحيد. أصبح محمد نبيا صلى **الله** عليه وسلم وعمره ٤٠ سنة.

* النبي صلى **الله** عليه وسلم أقام بمكة ثلاث عشرة سنة ثم أمر بالهجرة إلى المدينة. في المدينة أمر ببقية شرائع الإسلام صلى **الله** عليه وسلم وأخذ على هذا عشر سنين.

* توفي النبي صلى **الله** عليه وسلم وهو ابن ثلاث وستين سنة وهذا هو الصحيح. وَلَيْسَ فِي رَأْسِهِ وَلِحْيَتِهِ عِشْرُونَ شَعَرَةً بَيْضَاءَ يعني الشيب كان قليلا صلى **الله** عليه وسلم. الرسول صلى **الله** عليه وسلم في رأسه ولحيته شعرات قليلة بيضاء و**الله** تعالى أعلم.

* بَعَثَهُ اللَّهُ تَعَالَى عَلَى رَأْسِ أَرْبَعِينَ سَنَةً عند استكمال القوة والكمال صلى **الله** عليه وسلم فَأَقَامَ بِمَكَّةَ عَشْرَ سِنِينَ وَبِالْمَدِينَةِ عَشْرَ سِنِينَ) وَتَوَفَّاهُ اللَّهُ تَعَالَى عَلَى رَأْسِ سِتِّينَ سَنَةً وَلَيْسَ فِي رَأْسِهِ وَلِحْيَتِهِ عِشْرُونَ شَعَرَةً بَيْضَاءَ) قال الستين هنا لأنه كان أقرب إلى الستين ولم يقل على رأس سبعين سنة.

* (عن ربيعة بن أبي عبد الرحمن) التيمي المعروف بربيعة الرأي. لم يكن رسول الله بالطويل البائن يعني خارجا عن الاعتدال وهو مائل إلى الطول.وقد أخرج مسلم عن أنس أن المصطفى صلى الله عليه وسلم عاش ثلاثا وستين وهذا قول الجمهور [56] والله تعالى أعلم.

***

---

[56] *Some general comments in English (Narration One). It is truly amazing how the Companions (may **Allāh** be pleased with them) took so much notice in remembering such minute details. This truly increases the faith of the Muslim in the fact that this Religion of Islām is preserved. The fact that the Prophet (may **Allāh's** peace and blessings be upon him) had such few hair at the age of 63 shows also he was a handsome man even near the end of his life. Usually today at the age of 63 people have no black hair left however that was not true for the Prophet (may **Allāh's** peace and blessings be upon him).*

التعليق على

سنن الترمذي

(٩) ١

لأبي عيسى محمد بن عيسى الترمذي

توفي ٢٧٩ هـ

تأليف الفقير إلى الله:

خادم الدين بن يونس بن عبد القادر

السريع

غفر الله له ولوالديه وللمسلمين

مشروع دار عقيدة الإسلام للنشر والتوزيع

سنن الترمذي

وهو الجامع الكبير

لأبي عيسى محمد بن عيسى بن سَورة الترمذي

٢٧٩ هـ

١ - أبواب الطهارة عن رسول الله صلى الله عليه وسلم

١ - باب ما جاء لا تُقبل صلاةٌ بغير طُهور

١. حَدَّثَنَا قُتَيْبَةُ بْنُ سَعِيدٍ حَدَّثَنَا أَبُو عَوَانَةَ عَنْ سِمَاكِ بْنِ حَرْبٍ ح وَحَدَّثَنَا هَنَّادٌ حَدَّثَنَا وَكِيعٌ عَنْ إِسْرَائِيلَ عَنْ سِمَاكٍ عَنْ مُصْعَبِ بْنِ سَعْدٍ عَنِ ابْنِ عُمَرَ عَنِ النَّبِيِّ صلى الله عليه وسلم قَالَ: **لاَ تُقْبَلُ صَلاَةٌ بِغَيْرِ طُهُورٍ وَلاَ صَدَقَةٌ مِنْ غُلُولٍ.** قَالَ هَنَّادٌ فِي حَدِيثِهِ إِلاَّ بِطُهُورٍ. قَالَ أَبُو عِيسَى: هَذَا الْحَدِيثُ أَصَحُّ شَيْءٍ فِي هَذَا الْبَابِ وَأَحْسَنُ . وَفِي الْبَابِ عَنْ أَبِي الْمَلِيحِ عَنْ أَبِيهِ وَأَبِي هُرَيْرَةَ وَأَنَسٍ . وَأَبُو الْمَلِيحِ بْنُ أُسَامَةَ اسْمُهُ عَامِرٌ وَيُقَالُ زَيْدُ بْنُ أُسَامَةَ بْنِ عُمَيْرٍ الْهُذَلِيُّ.

التعليق

سنن الترمذي ١ وصحيح الترمذي وصحيح مسلم وسنن أبي داود ٥٩ وسنن النسائي ١٣٩ و٢٥٢٤ وسنن ابن ماجه ٢٧٣ و٢٧٤ ومشكاة المصابيح ٣٠١ ومسند الإمام أحمد ٤٧٠٠ و٥٢٠٥ و٤٩٦٩ و٢٠٧٠٨ و٢٠٧١٤ و٢٥٨٣٣.

وفي البخاري لا يَقبل الله صلاة أحدكم إذا أحدث حتى يتوضأ (البخاري ١٣٥ و٦٩٥٤) وعمدة الأحكام ٢ وسنن أبي داود ٦٠ وسنن الترمذي ٧٦ ومسلم ومشكاة المصابيح ٣٠٠.

* وفي نسخة بعد البسملة اللهم صل وسلم على سيدنا محمد وآله وصحبه والتابعين والحمد لله رب العالمين.

* وفي نسخة هناد بن السَّرِيِّ.

* لاَ تُقْبَلُ صَلاَةٌ بِغَيْرِ طُهُورٍ لا تقبل نفي للقبول.

* صلاة وهنا هذه الكلمة تعم جميع الصلوات.

* هذا الحديث يدل على أن الله سبحانه وتعالى يقبل ولا يقبل.

* فائدة أخرى وهي اشتراط الطهارة.

* قال المباركفوري رحمه الله قول الترمذي هذا الحديث......أصح شيء في هذا الباب فيه نظر بل أصح شيء في هذا الباب هو حديث أبي هريرة....فإنه متفق عليه. (انتهى).

* هذا الحديث هو تحت (باب لا تقبل صلاة بغير طهور) في صحيح البخاري.

* الطهور هو الطهارة يعني من الحدث الأكبر ومن الحدث الأصغر.

* الصلاة بغير طهور هي لا تقبل وهي مردودة لأن الطهارة هي شرط من شروط الصلاة. ولم تصح هذه الصلاة.

* العلماء يدرسون ويشرحون شروط الصلاة في كتبهم الفقهية والله تعالى أعلم.

* قال المباركفوري رحمه الله: والغلول وأصله السرقة من مال الغنيمة قبل القِسمة قاله النووي.

---

57 *There are many benefits that can be taken from this narration. This narration also indicates us towards certain issues of creed like* الأفعال الاختيارية. *This narration also shows us the greatness of the matter of prayer. There has to be purification. If you are in a state of ablution you do not have to repeat the ablution again. May Allah forgive us and we ask Him not to take us to account if we make a mistake or forget. May He guide us and keep us on His Way until we die.*

التعليق على سنن النسائي

للإمام أبي عبد الرحمن أحمد بن شعيب النسائي
توفي ٣٠٣ هـ

وهو المجتبى (١٠) ١

تأليف الفقير إلى الله:

خادم الدين بن يونس بن عبد القادر السريع

غفر الله له ولوالديه وللمسلمين

مشروع دار عقيدة الإسلام للنشر والتوزيع

بسم الله الرحمن الرحيم

كِتَابُ الطَّهَارَةِ

تَأْوِيلُ قَوْلِهِ عَزَّ وَجَلَّ: إِذَا قُمْتُمْ إِلَى الصَّلَاةِ فَاغْسِلُوا وُجُوهَكُمْ وَأَيْدِيَكُمْ إِلَى الْمَرَافِقِ [المائدة: ٦]

١ - أَخْبَرَنَا قُتَيْبَةُ بْنُ سَعِيدٍ قَالَ: حَدَّثَنَا سُفْيَانُ عَنْ الزُّهْرِيِّ عَنْ أَبِي سَلَمَةَ عَنْ أَبِي هُرَيْرَةَ أَنَّ النَّبِيَّ صَلَّى اللَّهُمَّ عَلَيْهِ وَسَلَّمَ قَالَ: إِذَا اسْتَيْقَظَ أَحَدُكُمْ مِنْ نَوْمِهِ فَلَا يَغْمِسْ يَدَهُ فِي وَضُوئِهِ حَتَّى يَغْسِلَهَا ثَلَاثًا فَإِنَّ أَحَدَكُمْ لَا يَدْرِي أَيْنَ بَاتَتْ يَدُهُ

(التعليق)

انظر أخرجه أحمد ٧٢٨٢ والبخاري ١٦٢ ومسلم ٢٣٧ و٦٤٥ وسنن النسائي ١٦١ و٤٤١ وهو في كتاب السنن الكبرى ١ وبلوغ المرام ٣٨ وجامع الترمذي ٢٤ الموطأ كتاب الطهارة ٩ وسنن أبي داود ١٠٥ سنن ابن ماجه ٣٩٤ و٣٩٥ وعمدة الأحكام ٤.

* وَضُوئِهِ الإناء الذي أعد للوُضوء.

* إذا استيقظ أحدكم من نومه الاحتياط هو أن تغسل يديك قبل أن تدخلهما في الإناء.

* وهناك خلاف لأن الرأي الأول هو يشمل نوم الليل والنهار وأما الرأي الآخر هو يشمل الليل فقط.

الكنز والتكرار التعليق على أحاديث النبي المختار

* البيتوتة هي بالليل.

* ثلاثا يعني غسلا ثلاثا.

* لماذا؟ لأنك لا تدري أين باتت يدك.

***

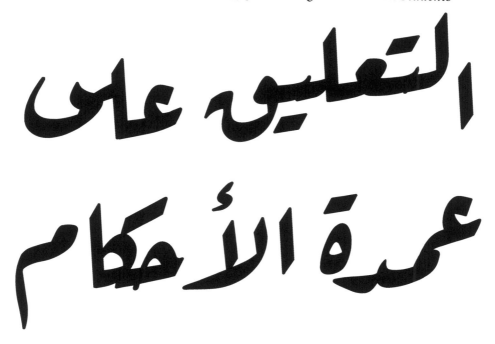

التعليق على عمدة الأحكام

الحافظ تقي الدين أبو محمد عبد الغني بن عبد الواحد المقدسي
توفي ٦٠٠ هـ

(١١) ٣

تأليف الفقير إلى الله:

خادم الدين بن يونس بن عبد القادر السريع

غفر الله له ولوالديه وللمسلمين

مشروع دار عقيدة الإسلام للنشر والتوزيع

قال الشيخ الحافظ تقي الدين أبو محمد عبد الغني بن عبد الواحد بن علي بن سرور المقدسي رحمه الله تعالى: الحمد لله الملك الجبار الواحد القهار. وأشهد أن لا إله إلا الله وحده لاشريك له رب السموات والأرض وما بينهما العزيز الغفار. وأشهد أن محمداً عبده ورسوله المصطفى المختار. صلى الله عليه وعلى آله وصحبه الأخيار. أما بعد: فإن بعض إخواني سألني اختصار جملة في أحاديث الأحكام مما اتفق عليه الإمامان: أبو عبد الله محمد بن إسماعيل بن إبراهيم البخاري ومسلم بن الحجاج بن مسلم القُشَيريُّ النيسابوري. فأجبته إلى سؤاله رجاء المنفعة به. وأسأل الله أن ينفعنا به ومن كتبه أوسمعه أوقرأه أو حفظه أو نظر فيه وأن يجعله خالصاً لوجهه الكريم موجباً للفوز لديه في جنات النعيم. فإنه حسبنا ونعم الوكيل.

كِتَابُ الطَّهَارَةِ

١ - عَنْ عُمَرَ بْنِ الْخَطَّابِ رضي الله عنه قَالَ: سَمِعْتُ رَسُولَ اللَّهِ صلى الله عليه وسلم يَقُولُ: إِنَّمَا الأَعْمَالُ بِالنِّيَّاتِ وَفِي رِوَايَةٍ: بِالنِّيَّةِ - وَإِنَّمَا لِكُلِّ امْرِئٍ مَا نَوى فَمَنْ كَانَتْ هِجْرَتُهُ إِلَى اللَّهِ وَرَسُولِهِ فَهِجْرَتُهُ إِلَى اللَّهِ وَرَسُولِهِ وَمَنْ كَانَتْ هِجْرَتُهُ إِلَى دُنْيَا يُصِيبُهَا أَوْ امْرَأَةٍ يَتَزَوَّجُهَا فَهِجْرَتُهُ إِلَى مَا هَاجَرَ إِلَيْهِ.

| متفق عليه |

(التعليق)

الحديث صحيح. رواه البخاري ١ ومسلم ١٩٠٧ وأبو داود ٢٢٠١ والنسائي ١\٥٨ - ٦٠ والترمذي ١٦٤٧ وابن ماجه ٤٢٢٧ والأربعون النووية وعمدة الأحكام ١.

* هذا الحديث يذكره العلماء في بداية شروحهم والدروس ويحفظ هذا الحديث كل طالب العلم.

⁕ هذا الحديث يبين أن الأعمال المقبولة هي مقبولة بنية خالصة.

⁕ الأعمال المردودة هي التي تخالف الشرع.

⁕ كل عمل له نية. والنية هي للوضوء والصلاة والزكاة والصوم والحج وجميع الأعمال الصالحة. والله تعالى أعلم.

⁕ القرآن متواتر وأما السنة فإن أقسام الحديث قد شرحت في كتب المصطلح.

⁕ هناك علاقة مهمة وكبيرة بين هذا الحديث وبين كتاب الطهارة.

⁕⁕⁕

٢. عَنْ أَبِي هُرَيْرَةَ - رضي الله عنه - قَالَ: قَالَ رَسُولُ اللَّهِ - صلى الله عليه وسلم: لا يَقْبَلُ اللَّهُ صَلاةَ أَحَدِكُمْ إِذَا أَحْدَثَ حَتَّى يَتَوَضَّأَ.

|متفق عليه|

|التعليق|

صحيح البخاري ٦٩٥٤ وسنن الترمذي ١ وصحيح الترمذي وصحيح مسلم وسنن أبي داود ٥٩ وسنن النسائي و١٣٩ و٢٥٢٤ وسنن ابن ماجه ٢٧٣ و٢٧٤ ومشكاة المصابيح ٣٠١ ومسند الإمام أحمد ٤٧٠٠ و٥٢٠٥ و٤٩٦٩ و٢٠٧٠٨ و٢٠٧١٤ و٢٥٨٣٣.

* وفي البخاري لا يَقبل الله صلاة أحدكم إذا أحدث حتى يتوضأ (البخاري ١٣٥ و٦٩٥٤) وسنن أبي داود ٦٠ وسنن الترمذي ٧٦ و صحيح مسلم ٢٢٥ ومشكاة المصابيح ٣٠٠.

* لاَ تُقْبَلُ صَلاَةٌ بِغَيْرِ طُهُورٍ لا تقبل نفي للقبول. الصلاة - وهنا هذه الكلمة تعم جميع الصلوات.

* هذا الحديث يدل على أن الله سبحانه وتعالى يقبل ولا يقبل.

* فائدة أخرى وهي اشتراط الطهارة.

* هذا الحديث هو تحت (باب لا تقبل صلاة بغير طهور).

* الطهور هو الطهارة يعني من الحدث الأكبر ومن الحدث الأصغر.[58]

***

[58] *There are many benefits that can be taken from this narration. This narration also indicates us towards certain issues of creed like* الأفعال الاختيارية. *This narration also shows us the greatness of the matter of prayer. There has to be purification. If you are in a state of*

٣. عَنْ عَبْدِ اللَّهِ بْنِ عَمْرِو بْنِ الْعَاصِ وَأَبِي هُرَيْرَةَ وَعَائِشَةَ - رضي الله عنهم - قَالُوا: قَالَ رَسُولُ اللَّهِ صلى الله عليه وسلم: وَيْلٌ لِلأَعْقَابِ مِنَ النَّارِ.

| متفق عليه |

| التعليق |

صحيح البخاري ٦٠ و١٦٥ وصحيح مسلم ٢٤٠ و٢٤٢ وسنن أبي داود ٩٧ وسنن ابن ماجه ٤٥١ و٤٥٣ والترمذي ٤١ والموطأ كتاب الطهارة باب العمل في الوضوء ٥ ومشكاة المصابيح ٣٩٨ وانظر تنقيح التحقيق لابن عبد البر ٢٣٧ والترغيب والترهيب للمنذري ٦ والسنن والأحكام عن المصطفى عليه أفضل الصلاة والسلام لضياء الدين المقدسي ٣٢٩ وجامع الأصول لابن الأثير ٥١٥٩ وصحيح الترغيب والترهيب ٢١٩ - (٤) والحاوي الكبير للماوردي والتحقيق في مسائل الخلاف لابن الجوزي ١٥٠ وكتاب علل الحديث لابن أبي حاتم ١٥٠ وسنن الدارمي ٧٣٣ رحمهم الله جميعا.

* كلمة (ويل) هي وعيد أو واد في جهنم. ويل شدة العذاب.

* لا يجزئ مسح الكعبين وتواعدها صلى الله عليه وسلم بالنار.

* أبو هريرة - رضي الله عنه -: أن النبي - صلى الله عليه وسلم - رأى رجلاً لم يَغْسِلْ عَقِبَه فقال: ويل للأعقاب من النارِ.

---

ablution you do not have to repeat the ablution again. May Allah forgive us and we ask Him not to take us to account if we make a mistake or forget. May He guide us and keep us on His Way until we die.

* والأعقاب: هي مؤخر الأقدام.

* وَقَالَ بَعْضُ الْعُلَمَاءِ: الْمُرَادُ بِمَسْحِ الرِّجْلَيْنِ غَسْلُهُمَا. وَالْعَرَبُ تُطْلِقُ الْمَسْحَ عَلَى الْغَسْلِ أَيْضًا والله تعالى أعلم.

* العقاب هنا دليل على أن غسل الأعقاب واجب وإزالة ما يمنع هذا واجب.

* وهذا الحديث دليل على وجود النار.

* وإن طائفة من النصارى تنكر النار.

***

الأربعون

التعليق على المتن المبارك المشهور

٢ (١٢)

للإمام النووي

توفي ٦٧٦ هـ

تأليف الفقير إلى الله:

خادم الدين بن يونس بن عبد القادر السريع

غفر الله له ولوالديه وللمسلمين

مشروع دار عقيدة الإسلام للنشر والتوزيع

بسم الله الرحمن الرحيم

الحمد لله رب العالمين قيوم السموات والأرضين. مدبر الخلائق أجمعين. باعث الرسل - صلواته وسلامه عليهم- إلى المكلفين لهدايتهم وبيان شرائع الدين بالدلائل القطعية وواضحات البراهين. أحمده على جميع نعمه. وأسأله المزيد من فضله وكرمه. وأشهد أن لا إله إلا الله الواحد القهار الكريم الغفار وأشهد أن محمداً عبده ورسوله وحبيبه وخليله أفضل المخلوقين المكرم بالقرآن العزيز المعجزة المستمرة على تعاقب السنين وبالسنن المستنيرة للمسترشدين المخصوص بجوامع الكلم وسماحة الدين صلوات الله وسلامه عليه وعلى سائر النبيين والمرسلين وآل كل وسائر الصالحين. أما بعد: فقد رُوِّينا عن علي بن أبي طالب وعبد الله بن مسعود ومعاذ بن جبل وأبي الدرداء وابن عمر وابن عباس وأنس بن مالك وأبي هريرة وأبي سعيد الخدري رضي الله عنهم من طرق كثيرات بروايات متنوعات أن رسول الله صلى الله عليه وسلم قال: من حفظ على أمتي أربعين حديثاً من أمر دينها. بعثه الله يوم القيامة في زمرة الفقهاء والعلماء وفي رواية: بعثه الله فقيها عالما. وفي رواية أبي الدرداء: وكنت له يوم القيامة شافعا وشهيدا. وفي رواية ابن مسعود: قيل له: ادخل من أي أبواب الجنة شئت وفي رواية ابن عمر كُتِب في زمرة العلماء وحشر في زمرة الشهداء. واتفق الحفاظ على أنه حديث ضعيف وإن كثرت طرقه. وقد صنّف العلماء رضي الله تعالى عنهم في هذا الباب ما لا يُحصى من المصنّفات. فأول من علمته صنف فيه: عبد الله بن المبارك ثم محمد بن أسلم الطوسي العالم الرباني ثم الحسن بن سفيان النسوي وأبو بكر الآجري وأبو بكر محمد بن إبراهيم الأصفهاني والدارقطني والحاكم وأبو نعيم وأبو عبد الرحمن السلميّ وأبو سعيد الماليني وأبو عثمان الصابوني وعبد الله بن محمد الأنصاري وأبو بكر

البيهقي وخلائق لا يحصون من المتقدمين والمتأخرين. وقد استخرت الله تعالى في جمع أربعين حديثاً اقتداء بهؤلاء الأئمة الأعلام وحفاظ الإسلام. وقد اتفق العلماء على جواز العمل بالحديث الضعيف في فضائل الأعمال. ومع هذا فليس اعتمادي على هذا الحديث بل على قوله صلى الله عليه وسلم في الأحاديث الصحيحة: ليبلغ الشاهد منكم الغائب وقوله صلى الله عليه وسلم: نضر الله امرأً سمع مقالتي فوعاها فأدّاها كما سمعه.

ثم من العلماء من جمع الأربعين في أصول الدين وبعضهم في الفروع وبعضهم في الجهاد وبعضهم في الزهد وبعضهم في الآداب وبعضهم في الخطب وكلها مقاصدُ صالحة رضي الله تعالى عن قاصديها.

وقد رأيت جمع أربعين أهم من هذا كله وهي أربعون حديثاً مشتملة على جميع ذلك وكل حديث منها قاعدة عظيمة من قواعد الدين وقد وصفه العلماء بأن مدار الإسلام عليه أو هو نصف الإسلام أو ثلثه أو نحو ذلك.

ثم ألتزم في هذه الأربعين أن تكون صحيحة ومعظمها في صحيحي البخاري ومسلم وأذكرها محذوفة الأسانيد ليسهل حفظها ويعم الانتفاع بها إن شاء الله تعالى ثم أُتبعها بباب في ضبط خفي ألفاظها. وينبغي لكل راغب في الآخرة أن يعرف هذه الأحاديث لما اشتملت عليه من المهمات واحتوت عليه من التنبيه على جميع الطاعات وذلك ظاهر لمن تدبّره وعلى الله اعتمادي وإليه تفويضي واستنادي وله الحمد والنعمة وبه التوفيق والعصمة.

الحديث الأول

(صحيح) عَنْ أَمِيرِ الْمُؤْمِنِينَ أَبِي حَفْصٍ عُمَرَ بْنِ الْخَطَّابِ رَضِيَ اللهُ عَنْهُ قَالَ: سَمِعْتُ رَسُولَ اللهِ ﷺ يَقُولُ: (إِنَّمَا الْأَعْمَالُ بِالنِّيَّاتِ وَإِنَّمَا لِكُلِّ امْرِئٍ مَا نَوَى فَمَنْ كَانَتْ هِجْرَتُهُ إِلَى اللهِ وَرَسُولِهِ فَهِجْرَتُهُ إِلَى اللهِ وَرَسُولِهِ وَمَنْ كَانَتْ هِجْرَتُهُ لِدُنْيَا يُصِيبُهَا أَوْ امْرَأَةٍ يَنْكِحُهَا فَهِجْرَتُهُ إِلَى مَا هَاجَرَ إِلَيْهِ). رَوَاهُ إِمَامَا الْمُحَدِّثِينَ: أَبُو عَبْدِ اللهِ مُحَمَّدُ بْنُ إِسْمَاعِيل بن إِبْرَاهِيمَ بْنِ الْمُغِيرَةِ بِن بَرْدِزبَه الْبُخَارِيُّ الْجُعْفِيُّ وَأَبُو الْحُسَيْنِ مُسْلِمُ بْنُ الْحَجَّاج بن مُسْلِمٍ الْقُشَيْرِيُّ النَّيسَابُورِيُّ فِي (صَحِيحَيْهِمَا) اللَّذَيْنِ هُمَا أَصَحُّ الْكُتُبِ الْمُصَنَّفَةِ.

(التعليق)

الحديث صحيح. رواه البخاري ١ ومسلم ١٩٠٧ وأبو داود ٢٢٠١ والنسائي ١\٥٨ - ٦٠ والترمذي ١٦٤٧ وابن ماجه ٤٢٢٧ والأربعون النووية وعمدة الأحكام ١.

* هذا الحديث يذكره العلماء في بداية شروحهم والدروس ويحفظ هذا الحديث كل طالب العلم.

* هذا الحديث يبين أن الأعمال المقبولة هي مقبولة بنية خالصة.

* الأعمال المردودة هي التي تخالف الشرع.

* كل عمل له نية. والنية هي للوضوء والصلاة والزكاة والصوم والحج وجميع الأعمال الصالحة. والله تعالى أعلم.

* القرآن متواتر وأما السنة فإن أقسام الحديث قد شرحت في كتب المصطلح.

* هناك علاقة مهمة وكبيرة بين هذا الحديث وبين كتاب الطهارة.

---

[59] *1. On the authority of the Leader of the Believers Abū Hafs 'Umar bin al-Khaṭṭāb, may Allāh be pleased with him, he said: I heard the Messenger of Allāh ﷺ saying: "Indeed only actions are (judged) by intentions and every person will indeed only have what he intended. Thus whoever's migration was to Allāh & His Messenger then his migration is to Allāh & His Messenger. However he whose migration was for some worldly benefit that he can attain or for a woman to marry then his migration is to that for which he migrated". [This narration was narrated by al-Bukhari & Muslim in their two authentic compilations]. This narration is authentic and has been narrated in a number of works. There is no action except with intention. In terms of the action then one must understand there is an internal and external element. In terms of the actions of a Muslim then one must understand that there is an internal and external element. The internal action is the intention and the external action is that it is in accordance to the legislation.*

The reason that the author began with this comprehensive narration is to remind the dear readers, students, scholars and the Muslims about the intention. Any individual who does an act of worship that is legislated in this Religion must do these actions with sincerity. May the Creator make us and you all from the sincere individuals. Only sincere actions will be accepted and if your actions are not sincerely for Allāh then they will be rejected. The Prophet ﷺ was able to articulate and pass on a great deal of meaning in a few accurate comprehensive words (جوامع الكلم). It is said that this narration is one of the Prophetic narrations which the Religion revolves around & Allāh knows best.

الحديث الثاني

(صحيح) عَنْ عُمَرَ رَضِيَ اللّٰهُ عَنْهُ أَيْضًا قَالَ: بَيْنَمَا نَحْنُ جُلُوسٌ عِنْدَ رَسُولِ اللَّهِ صلى الله عليه و سلم ذَاتَ يَوْمٍ إِذْ طَلَعَ عَلَيْنَا رَجُلٌ شَدِيدُ بَيَاضِ الثِّيَابِ شَدِيدُ سَوَادِ الشَّعْرِ لَا يُرَى عَلَيْهِ أَثَرُ السَّفَرِ وَلَا يَعْرِفُهُ مِنَّا أَحَدٌ حَتَّى جَلَسَ إِلَى النَّبِيِّ صلى الله عليه و سلم فَأَسْنَدَ رُكْبَتَيْهِ إِلَى رُكْبَتَيْهِ وَوَضَعَ كَفَّيْهِ عَلَى فَخِذَيْهِ وَقَالَ: يَا مُحَمَّدُ أَخْبِرْنِي عَنْ الْإِسْلَامِ. فَقَالَ رَسُولُ اللَّهِ صلى الله عليه و سلم: الْإِسْلَامُ أَنْ تَشْهَدَ أَنْ لَا إِلَهَ إِلَّا اللَّهُ وَأَنَّ مُحَمَّدًا رَسُولُ اللَّهِ وَتُقِيمَ الصَّلَاةَ وَتُؤْتِيَ الزَّكَاةَ وَتَصُومَ رَمَضَانَ وَتَحُجَّ الْبَيْتَ إِنْ اسْتَطَعْتَ إِلَيْهِ سَبِيلًا. قَالَ: صَدَقْتَ . فَعَجِبْنَا لَهُ يَسْأَلُهُ وَيُصَدِّقُهُ قَالَ: فَأَخْبِرْنِي عَنْ الْإِيمَانِ. قَالَ: أَنْ تُؤْمِنَ بِاللَّهِ وَمَلَائِكَتِهِ وَكُتُبِهِ وَرُسُلِهِ وَالْيَوْمِ الْآخِرِ وَتُؤْمِنَ بِالْقَدَرِ خَيْرِهِ وَشَرِّهِ. قَالَ: صَدَقْتَ. قَالَ: فَأَخْبِرْنِي عَنْ الْإِحْسَانِ. قَالَ: أَنْ تَعْبُدَ اللَّهَ كَأَنَّكَ تَرَاهُ فَإِنْ لَمْ تَكُنْ تَرَاهُ فَإِنَّهُ يَرَاكَ. قَالَ: فَأَخْبِرْنِي عَنْ السَّاعَةِ. قَالَ: مَا الْمَسْئُولُ عَنْهَا بِأَعْلَمَ مِنْ السَّائِلِ. قَالَ: فَأَخْبِرْنِي عَنْ أَمَارَاتِهَا. قَالَ: أَنْ تَلِدَ الْأَمَةُ رَبَّتَهَا وَأَنْ تَرَى الْحُفَاةَ الْعُرَاةَ الْعَالَةَ رِعَاءَ الشَّاءِ يَتَطَاوَلُونَ فِي الْبُنْيَانِ. ثُمَّ انْطَلَقَ فَلَبِثْتُ مَلِيًّا ثُمَّ قَالَ: يَا عُمَرُ أَتَدْرِي مَنْ السَّائِلُ. قُلْتُ: اللَّهُ وَرَسُولُهُ أَعْلَمُ. قَالَ: فَإِنَّهُ جِبْرِيلُ أَتَاكُمْ يُعَلِّمُكُمْ دِينَكُمْ. رَوَاهُ مُسْلِمٌ.

| التعليق |

الأربعون النووية ٢ والنسائي ٤٩٩٠ ومشكاة المصابيح ٢ ورياض الصالحين ٦٠ ومسند الإمام أحمد ٣٦٧ و٣٦٨ وسنن أبي داود ٤٦٩٥ ومسلم ٧ و٨ و١٨٦ وكتاب جامع الأحاديث للسيوطي ٣٠٦٨٧ وكتاب السنة لعبد الله بن أحمد ٩٠٨ وكتاب الترغيب والترهيب للمنذري والإيمان لابن منده ١٨٦ وكتاب جامع العلوم والحكم. والبخاري في خلق أفعال العباد ١٩٠.

إسناد صحيح على شرط الشيخين (المشرف على تحقيق الشيخ شعيب الأرنؤوط)·

* يجوز للمسلم أن يسأل للتعليم.

* هذا الحديث دليل على أن الملائكة تتحول.

* هذا الحديث يعلمنا الأدب.

* هذا الحديث يدل على عدد أركان الإسلام وأركان الإيمان.

* إذا لا تعرف الجواب قل الله أعلم.

* هذا الحديث يدل على صدق الرسول صلى الله عليه وسلم لأنه قد أخبرنا عن المستقبل.

* علم الساعة عند الله.

* والله تعالى أعلم.

60
***

---

[60] *Allah is the Creator of everything. He was never born and He will never die. There is no deity worthy of worship except Allah. Whoever claims Prophethood after the Prophet Muhammad (may Allah's peace and blessinsg be upon him) then he is a false Prophet. There is no difference of opinion in this. Allah is the Creator of everything. He was never born and He will never die.*

الكنز والتكرار التعليق على أحاديث النبي المختار

Primary English Edition & Copy for Our Higher Education Students

التعليق على

رياض الصالحين

لأبي زكريا يحيى بن شرف الدين النووي

توفي ٦٧٦ هـ

(١٣)

تأليف الفقير إلى الله:

خادم الدين بن يونس بن عبد القادر

السريع

غفر الله له ولوالديه وللمسلمين

مشروع دار عقيدة الإسلام للنشر والتوزيع

بسم الله الرحمن الرحيم

الحَمْدُ للهِ الواحدِ القَهّارِ العَزيزِ الغَفّارِ مُكَوِّرِ اللَّيْلِ على النَّهَارِ تَذْكِرَةً لأُولي القُلوبِ والأَبْصَارِ وتَبْصِرَةً لِذَوي الأَلْبَابِ والاعتِبَارِ الَّذي أَيقَظَ مِنْ خَلْقِهِ مَن اصطَفاهُ فَزَهَّدَهُمْ في هذهِ الدَّارِ وشَغَلَهُمْ بمُراقبتِهِ وإِدامَةِ الأَفكارِ ومُلازَمَةِ الاتِّعَاظِ والادِّكَارِ ووَفَّقَهُمْ للدُّؤُوبِ في طاعَتِهِ والتَّأَهُّبِ لِدارِ القَرارِ والْحَذَرِ مِمّا يُسْخِطُهُ ويُوجِبُ دَارَ البَوارِ والمُحافَظَةِ على ذلكَ مَعَ تَغَايُرِ الأَحْوالِ والأَطْوارِ. أَحْمَدُهُ أَبلَغَ حمدٍ وأَزكَاهُ وَأَشمَلَهُ وأَنْمَاهُ. وأَشْهَدُ أَنْ لا إِلَهَ إِلا اللهُ البَرُّ الكَرِيمُ الرؤُوفُ الرَّحِيمُ وأَشهَدُ أَنَّ مُحَمَّداً عَبدُهُ ورَسُولُهُ وحبيبُهُ وخليلُهُ الهَادي إلى صِراطٍ مُسْتَقيمٍ والدَّاعي إِلَى دِينٍ قَويمٍ. صَلَوَاتُ اللهِ وَسَلامُهُ عليهِ وَعَلَى سَائِرِ النَّبِيِّينَ وَآلِ كلٍّ وسائرِ الصالحين. أَما بعد: فقد قال اللهُ تعالى: (وَمَا خَلَقْتُ الْجِنَّ وَالأِنْسَ إِلاَّ لِيَعْبُدُونِ مَا أُرِيدُ مِنْهُمْ مِنْ رِزْقٍ وَمَا أُرِيدُ أَنْ يُطْعِمُونِ) [الذريات ٥٦ و٥٧] وَهَذا تَصْرِيحٌ بِأَنَّهُمْ خُلِقوا لِلعبادَةِ فَحَقَّ عَلَيْهِمُ الاعْتِنَاءُ بِمَا خُلِقُوا لَهُ وَالإِعْرَاضُ عَنْ حُظُوظِ الدُّنْيَا بالزَّهَادَةِ فَإِنَّهَا دَارُ نَفَادٍ لاَ مَحَلُّ إِخْلادٍ وَمَرْكَبُ عُبُورٍ لاَ مَنْزِلُ حُبُورٍ ومَشْرَعُ انْفِصَامٍ لاَ مَوْطِنُ دَوَامٍ. فلهذا كَانَ الأَيْقَاظُ مِنْ أَهْلِها هُمُ العبَّادَ وَأَعْقَلُ النَّاسِ فيهَا هُمُ الزُّهَّادُ. قالَ اللهُ تعالى: (إِنَّمَا مَثَلُ الْحَيَاةِ الدُّنْيَا كَمَاءٍ أَنْزَلْنَاهُ مِنَ السَّمَاءِ فَاخْتَلَطَ بِهِ نَبَاتُ الأَرْضِ مِمَّا يَأْكُلُ النَّاسُ وَالأَنْعَامُ حَتَّى إِذَا أَخَذَتِ الأَرْضُ زُخْرُفَهَا وَازَّيَّنَتْ وَظَنَّ أَهْلُهَا أَنَّهُمْ قَادِرُونَ عَلَيْهَا أَتَاهَا أَمْرُنَا لَيْلاً أَوْ نَهَاراً فَجَعَلْنَاهَا حَصِيداً كَأَنْ لَمْ تَغْنَ بِالأَمْسِ كَذَلِكَ نُفَصِّلُ الآيَاتِ لِقَوْمٍ يَتَفَكَّرُونَ) [يونس: ٢٤].

والآيَاتُ في هذا المعنى كثيرةٌ. ولقد أَحْسَنَ القَائِلُ:

إِنَّ للهِ عِباداً فُطَنَا ... طَلَّقُوا الدُّنْيَا وخَافُوا الفِتَنَا

نَظَروا فيهَا فَلَمَّا عَلِموا ... أَنَّهَا لَيسَتْ لِحَيٍّ وَطَنا

جَعَلُوها لُجَّةً واتَّخَذُوا ... صَالِحَ الأعمال فيها سفنا

فإذا كَانَ حالُها ما وصَفْتُهُ وحالُنا وَمَا خُلِقْنَا لَهُ مَا قَدَّمْتُهُ فَحَقٌّ عَلَى الْمُكَلَّفِ أَنْ يَذْهَبَ بنفسِهِ مَذْهَبَ الأَخْيارِ وَيَسْلُكَ مَسْلَكَ أُولِي النُّهَى وَالأَبْصارِ وَيَتَأَهَّبَ لِمَا أَشَرْتُ إليهِ ويهتم بما نَبَّهتُ عليهِ. وأَصْوَبُ طريقٍ لهُ في ذَلِكَ وَأَرْشَدُ مَا يَسْلُكُهُ مِنَ المسَالِكِ التَّأَدُّبُ بمَا صَحَّ عَنْ نَبِيِّنَا سَيِّدِ الأَوَّلينَ والآخرينَ وَأَكْرَمِ السَّابقينَ وَاللاحِقينَ. صَلَوَاتُ اللهِ وَسَلامُهُ عَلَيهِ وَعَلَى سَائِرِ النَّبِيِّينَ. وقدْ قالَ اللهُ تعالى: (وَتَعَاوَنُوا عَلَى الْبِرِّ وَالتَّقْوَى) [المائدة: ٢] وقد صَحَّ عَنْ رسولِ الله صلى الله عليه وسلم أَنَّهُ قالَ: واللهُ في عَوْنِ العَبْدِ مَا كَانَ العَبْدُ في عَوْنِ أَخيهِ وَأَنَّهُ قالَ: مَنْ دلَّ عَلَى خَيْرٍ فَلَهُ مِثْلُ أَجْرِ فَاعِلِهِ وَأَنَّهُ قالَ: مَنْ دَعَا إلى هُدىً كَانَ لَهُ مِنَ الأَجْرِ مِثْلُ أُجُورِ مَنْ تبعهُ لاَ يَنْقُصُ ذلِكَ مِنْ أُجورِهِمْ شَيئاً وَأَنَّهُ قالَ لِعَلِيٍّ رضي الله عنه: فَوَاللهِ لأَنْ يَهْدِيَ اللهُ بِكَ رَجُلاً وَاحِداً خَيْرٌ لَكَ مِنْ حُمْرِ النَّعَمِ. فَرَأَيتُ أَنْ أَجْمَعَ مُخْتَصَراً مِنَ الأَحاديثِ الصَّحيحَةِ مشْتَمِلاً عَلَى مَا يكُونُ طريقاً لِصَاحِبِهِ إلى الآخِرَةِ وَمُحَصِّلاً لآدَابِهِ البَاطِنَةِ وَالظَاهِرَةِ جَامِعاً للترغيب والترهيب وسائر أنواع آداب السالكين: من أحاديث الزهد ورياضات النُّفُوسِ وتَهْذِيبِ الأَخْلاقِ وطَهَارَاتِ القُلوبِ وَعِلاجِهَا وصِيانَةِ الجَوَارح وَإِزالَةِ اعْوجاجِهَا وغيرِ ذلِكَ مِنْ مَقَاصِدِ العارفينَ. وَأَلتَزِمُ فيهِ أَنْ لا أَذْكُرَ إلاّ حَديثاً صَحيحاً مِنَ الْوَاضِحَاتِ مُضَافاً إلى الْكُتُبِ الصَّحيحَةِ الْمَشْهُوراتِ وَأُصَدِّرُ الأَبْوَابَ مِنَ الْقُرآنِ الْعَزِيزِ بِآياتٍ كَرِيماتٍ وَأُوَشِّحُ مَا يَحْتَاجُ إلى ضَبْطٍ أَوْ شَرْحِ مَعْنىً خَفِيٍّ بِنَفَائِسَ مِنَ التَّنْبِيهاتِ. وإذا قُلْتُ في آخرِ حَديثٍ: مُتَّفَقٌ عَلَيهِ فمعناه: رواه البخاريُّ ومسلمٌ. وَأَرجُو إنْ تَمَّ هذا الْكِتَابُ أَنْ يَكُونَ سَائِقاً لِلْمُعْتَنِي بِهِ إلى الْخَيْرَاتِ حَاجِزاً لَهُ

عَنْ أَنْوَاعِ الْقَبَائِحِ والْمُهْلِكَاتِ. وأَنَا سائلٌ أَخاً انْتَفَعَ بِشيءٍ مِنْهُ أَنْ يَدْعُوَ لِي وَلِوَالِدَيَّ وَمَشَايِخِي وَسَائِرِ أَحْبَابِنَا وَالْمُسْلِمِينَ أَجْمَعِينَ وعَلَى اللهِ الْكَرِيمِ اعْتِمَادِي وَإِلَيْهِ تَفْوِيضِي وَاسْتِنَادِي وَحَسْبِيَ اللهُ ونعم الوكيل ولا حول ولا قوة إلا بالله العزيز الحكيم.

***

التعليق على

مشكاة المصابيح

للشيخ المحدث

ولي الدين أبي عبد الله محمد بن عبد الله الخطيب التّبريزي

رحمه الله المتوفى ٧٤١ ه

(١٤) ١

تأليف الفقير إلى الله:

خادم الدين بن يونس بن عبد القادر

السريع

غفر الله له ولوالديه وللمسلمين

مشروع دار عقيدة الإسلام للنشر والتوزيع

بِسم الله الرَّحْمَن الرَّحِيم

قال الشيخ المحدث ولي الدين أبي عبد الله محمد بن عبد الله الخطيب التّبريزي رحمه الله المتوفى ٧٤١ هـ:

بسم الله الرحمن الرحيم

الْحَمد لله ونحمده وَنَسْتَعِينُهُ وَنَسْتَغْفِرُهُ ونعُوذُ بِاللَّهِ مِنْ شُرُورِ أَنْفُسِنَا وَمن سيئات أَعمالنَا من يهده اللَّهُ فَلَا مُضِلَّ لَهُ وَمَنْ يُضْلِلْ فَلَا هَادِيَ لَهُ. وَأَشْهَدُ أَنْ لَا إِلَهَ إِلَّا اللَّهُ شَهَادَةً تكُونُ لِلنَّجَاةِ وَسِيلَةً ولِرفْعِ الدَّرجَاتِ كَفِيلَةً وَأَشْهَدُ أَنَّ مُحَمَّدًا عَبْدُهُ ورَسُولُهُ الَّذِي بَعثه وطرق الْإِيمَانِ قَدْ عَفَتْ آثَارُهَا وَخَبَتْ أَنْوَارُهَا ووهنت أَرْكَانهَا وَجُهِل مَكَانُهَا فَشَيَّدَ - صلوَات الله وسلامُهُ عَلَيْهِ - من مَعَالِمِهَا مَا عَفَا وَشَفَى مِنَ الغَلِيل فِي تَأْيِيدِ كَلِمَةِ التَّوْحِيدِ مَنْ كَانَ عَلَى شفى وأوضح سَبِيل الهداية لِمَنْ أَرَادَ أَنْ يَسْلُكهَا وَأَظْهر كُنُوزَ السَّعادَةِ لِمَنْ قصد أَنْ يَمْلكهَا. أَمَّا بعْدُ فَإِنَّ التَّمَسُّكَ بِهَدْيِهِ لَا يَسْتَتِبُّ إِلَّا بِالِاقْتِفَاءِ لِمَا صَدَرَ مِنْ مِشْكَاتِهِ وَالِاعْتِصَامَ بِحَبْلِ اللَّهِ لَا يَتِمُّ إِلَّا بِبيَانِ كَشْفِهِ وكَانَ كِتَابُ الْمَصَابِيحِ - الَّذِي صَنَّفَهُ الْإِمَامُ مُحْيِي السُّنَّةِ قَامِعُ الْبِدْعَةِ أَبُو مُحَمَّد الْحُسَيْن بن مَسْعُود الْفراء الْبَغَوِيُّ رفَعَ اللَّهُ دَرجَتَه - أَجْمَعَ كِتَابٍ صُنِّفَ فِي بَابِهِ وَأَضْبَطَ لِشَوَارِدِ الْأَحَادِيثِ وَأَوَابِدِهَا. وَلَمَّا سلك - رَضِي الله عَنهُ - طَرِيق الِاخْتِصَارَ وَحَذَفَ الْأَسَانِيدَ تَكَلَّمَ فِيهِ بَعْضُ النُّقَّادِ وَإِنْ كَانَ نَقْلُهُ - وَإِنَّهُ مِنَ الثِّقَاتِ - كَالْإِسْنَادِ لَكِنْ لَيْسَ مَا فِيهِ أَعْلَامٌ كالأغفال فاستخرت الله تَعَالَى واستوفقت مِنْهُ فأعلمت مَا أغفله فأودعت كل حَدِيث مِنْهُ فِي مقره كَمَا رَوَاهُ الْأَئِمَّة المتقنون وَالثِّقَاتُ الرَّاسِخُونَ مِثْلُ أَبِي عَبْدِ اللَّهِ مُحَمَّدِ بْنِ إِسْمَاعِيلَ الْبُخَارِيِّ وَأَبِي الْحُسَيْنِ مُسْلِمِ بْنِ الْحَجَّاجِ الْقُشَيْرِيِّ وَأَبِي عَبْدِ اللَّهِ مَالِكِ بْنِ أَنَسٍ الْأَصْبَحِيِّ وَأَبِي عَبْدِ اللَّهِ مُحَمَّدِ بْنِ إِدْرِيسَ الشَّافِعِيِّ وَأَبِي عَبْدِ اللَّهِ أَحْمَدَ بِنْ مُحَمَّد بن

حَنْبَل الشَّيْبَانِيّ وَأبي عِيسَى مُحَمَّد بن عِيسَى التِّرمِذِيّ وَأَبِي دَاوُد سُلَيْمَان بْنِ الْأَشْعَث السِّجِسْتَانِيّ وَأَبِي عَبْدِ الرَّحْمَنِ أَحْمَدَ بْنِ شُعَيْبٍ النَّسَائِيِّ وَأبي عبد الله مُحَمَّد بن يزِيد بن مَاجَهْ الْقَزْوِينِيّ وَأَبِي مُحَمَّدٍ عَبْدِ اللَّهِ بْنِ عَبْدِ الرَّحْمَنِ الدَّارِمِيّ وَأَبِي الْحَسَنِ عَلِيّ بْنِ عمر

الدَّارَقُطْنِيّ وَأَبِي بَكْرٍ أَحْمَدَ بْنِ الْحُسَيْنِ الْبَيْهَقِيّ وَأَبِي الْحَسَنِ رَزِينِ بْنِ مُعَاوِيَةَ الْعَبْدَرِيّ وَغَيْرِهِمْ وَقَلِيلٌ مَا هُوَ. وَإِنِّي إِذَا نَسَبْتُ الْحَدِيثَ إِلَيْهِمْ كَأَنِّي أَسْنَدْتُ إِلَى النَّبِيِّ صَلَّى اللَّهُ عَلَيْهِ وَسلم لأَنهم قد فرغوا مِنْهُ وَأَغْنَوْنَا عَنْهُ. وَسَرَدْتُ الْكُتُبَ وَالْأَبْوَاب كَمَا سردهَا واقتفيت أَثَرَهُ فِيهَا، وَقَسَّمْتُ كُلَّ بَابٍ غَالِبًا عَلَى فُصُولٍ ثَلَاثَةٍ: أَوَّلُهَا: مَا أَخْرَجَهُ الشَّيْخَانِ أَوْ أَحَدُهُمَا وَاكْتَفَيْتُ بِهِمَا وَإِنِ اشْتَرَكَ فِيهِ الْغَيْرُ لِعُلُوِّ دَرَجَتِهِمَا فِي الرِّوَايَةِ. وَثَانِيهَا: مَا أَوْرَدَهُ غَيْرُهُمَا مِنَ الْأَئِمَّةِ الْمَذْكُورِينَ. وَثَالِثُهَا: مَا اشْتَمَلَ عَلَى مَعْنَى الْبَابِ مِنْ مُلْحَقَاتٍ مُنَاسِبَةٍ مَعَ مُحَافَظَةٍ عَلَى الشَّرِيطَةِ وَإِنْ كَانَ مَأْثُورًا عَنِ السَّلَفِ وَالْخَلَفِ. ثُمَّ إِنَّكَ إِنْ فَقَدْتَ حَدِيثًا فِي بَابٍ فَذَلِكَ عَنْ تَكْرِيرٍ أُسْقِطُهُ. وَإِنْ وَجَدْتَ آخَرَ بَعْضَهُ مَتْرُوكًا عَلَى اخْتِصَارِهِ أَوْ مَضْمُومًا إِلَيْهِ تَمَامُهُ فَعَنْ دَاعِي اهْتِمَامٍ أَتْرُكُهُ وَأُلْحِقُهُ. وَإِنْ عَثَرْتَ عَلَى اخْتِلَافٍ فِي الْفَصْلَيْنِ مِنْ ذِكْرِ غَيْرِ الشَّيْخَيْنِ فِي الْأَوَّلِ وَذِكْرِهِمَا فِي الثَّانِي فَاعْلَمْ أَنِّي بَعْدَ تَتَبُّعِي كِتَابَي (الْجمع بَين الصحيحن) لِلْحُمَيْدِيِّ وَ (جَامِعِ الْأُصُولِ) اعْتَمَدْتُ عَلَى صَحِيحَيِ الشَّيْخَيْنِ وَمَتْنَيْهِمَا. وَإِنْ رَأَيْتَ اخْتِلَافًا فِي نَفْسِ الْحَدِيثِ فَذَلِكَ مِنْ تَشَعُّبِ طُرُقِ الْأَحَادِيثِ وَلَعَلِّي مَا اطلعت على تِلْكَ الرِّوَايَةِ الَّتِي سَلَكَهَا الشَّيْخُ رَضِيَ اللَّهُ عَنْهُ. وَقَلِيلًا مَا تَجِدُ أَقُولُ: مَا وَجَدْتُ هَذِهِ الرِّوَايَةَ فِي كتب الْأُصُول أَوْ وَجَدْتُ خِلَافَهَا فِيهَا. فَإِذَا وَقَفْتَ عَلَيْهِ فَانْسِبِ الْقُصُورَ إِلَيَّ لِقِلَّةِ الدِّرَايَةِ لَا إِلَى جَنَابِ الشَّيْخِ رَفَعَ اللَّهُ قَدْرَهُ فِي

الدَّارَيْنِ حَاشَا لِلَّهِ مِنْ ذَلِكَ. رَحِمَ اللَّهُ مَنْ إِذَا وَقَفَ عَلَى ذَلِكَ نَبَّهَنَا عَلَيْهِ وَأَرْشَدَنَا طَرِيقَ الصَّوَابِ. وَلَمْ آلُ جُهْدًا فِي التَّنْقِيرِ وَالتَّفْتِيشِ بِقَدْرِ الْوُسْعِ وَالطَّاقَةِ وَنَقَلْتُ ذَلِكَ الاخْتِلَافَ كَمَا وجدتُ.

وَمَا أَشَارَ إِلَيْهِ رَضِيَ اللَّهُ عَنْهُ مِنْ غَرِيبٍ أَوْ ضَعِيفٍ أَوْ غَيْرِهِمَا بَيَّنْتُ وَجْهَهُ غَالِبًا وَمَا لَمْ يُشِرْ إِلَيْهِ مِمَّا فِي الْأُصُولِ فَقَدْ قَفَّيْتُهُ فِي تَرْكِهِ إِلَّا فِي مَوَاضِعَ لِغَرَضٍ. وَرُبَمَا تَجِدُ مَوَاضِعَ مهملةً وَذَلِكَ حَيْثُ لم أطلع على رِوَايَةٍ فَتَرَكْتُ الْبَيَاضَ فَإِنْ عَثَرْتَ عَلَيْهِ فَأَلْحِقْهُ بِهِ أَحْسَنَ اللَّهُ جَزَاءَكَ. وَسَمَّيْتُ الْكِتَابَ.

بِـ (مِشْكَاةِ الْمَصَابِيحِ).

وَأَسْأَلُ اللَّهَ التَّوْفِيقَ وَالْإِعَانَةَ وَالْهِدَايَةَ وَالصِّيَانَةَ وَتَيْسِيرَ مَا أَقْصِدُهُ وَأَنْ يَنْفَعَنِي فِي الْحَيَاةِ وَبَعْدَ الْمَمَاتِ وَجَمِيعَ الْمُسْلِمِينَ وَالْمُسْلِمَاتِ. حَسْبِيَ اللَّهُ وَنِعْمَ الْوَكِيلُ. وَلَا حَوْلَ وَلَا قُوَّةَ إِلَّا بِاللَّهِ الْعَزِيزِ الْحَكِيمِ.

***

| مشكاة المصابيح ١ |

١ - (صحيح) عَنْ عُمَرَ بْنِ الْخَطَّابِ رَضِيَ اللَّهُ عَنْهُ قَالَ: قَالَ رَسُولُ اللَّهِ صَلَّى اللَّهُ عَلَيْهِ وَسَلَّمَ: إِنَّمَا الْأَعْمَال بِالنِّيَّاتِ وَإِنَّمَا لكل امْرِئ مَا نَوَى فَمَنْ كَانَتْ هِجْرَتُهُ إِلَى اللَّهِ وَرَسُولِهِ فَهِجْرَتُهُ إِلَى اللَّهِ وَرَسُولِهِ وَمَنْ كَانَتْ هِجْرَتُهُ إِلَى دُنْيَا يُصِيبُهَا أَوِ امْرَأَةٍ يَتَزَوَّجُهَا فَهجرَته إِلَى مَا هَاجر إِلَيْهِ. متفق عليه.

| التعليق |

الحديث صحيح. رواه البخاري ١ ومسلم ١٩٠٧ وأبو داود ٢٢٠١ والنسائي ١\٥٨ - ٦٠ والترمذي ١٦٤٧ وابن ماجه ٤٢٢٧ والأربعون النووية وعمدة الأحكام ١.

* هذا الحديث يذكره العلماء في بداية شروحهم والدروس ويحفظ هذا الحديث كل طالب العلم.
* هذا الحديث يبين أن الأعمال المقبولة هي مقبولة بنية خالصة.
* الأعمال المردودة هي التي تخالف الشرع.
* كل عمل له نية. والنية هي للوضوء والصلاة والزكاة والصوم والحج وجميع الأعمال الصالحة. والله تعالى أعلم.
* القرآن متواتر وأما السنة فإن أقسام الحديث قد شرحت في كتب المصطلح.

* هناك علاقة مهمة وكبيرة بين هذا الحديث وبين كتاب الطهارة.

* اسم هذا الكتاب هو مشكاة المصابيح وهذا الكتاب كتاب نافع جدا وهو مشهور جدا خاصة في مدارس آسية الدينية مثل مدارس الهند ومدارس باكستان ومدارس بنغلاديش (للدراسات العليا ودورة الحديث ويحصلون على درجة (مولانا) بعد دراسة كتب الحديث الستة).

[61]

***

---

[61] *This narration is authentic and has been narrated in a number of works. There is no action except with intention. In terms of the action then one must understand there is an internal and external element. In terms of the actions of a Muslim then one must understand that there is an internal and external element. The internal action is the intention and the external action is that it is in accordance to the legislation. The book has been explained by a number of scholars. From them Mulla `Ali Qari and a tahqiq has been made by Shaykh Muhammad Nasiruddin (may Allah have mercy on him).*

التعليق على

بلوغ المرام

لأحمد بن علي بن حجر العسقلاني

توفي ٨٥٢ هـ

(١٥) ١

تأليف الفقير إلى الله:

خادم الدين بن يونس بن عبد القادر السريع

غفر الله له ولوالديه وللمسلمين

مشروع دار عقيدة الإسلام للنشر والتوزيع

بسم الله الرحمن الرحيم

الحمد لله على نعمه الظاهرة والباطنة قديما وحديثا. والصلاة والسلام على نبيه ورسوله محمد وآله وصحبه الذين ساروا في نصرة دينه سيرا حثيثا وعلى أتباعهم الذين ورِثوا علمهم والعلماء ورثة الأنبياء أكرِم بِهِم وارثا وموروثا. أما بعد. فهذا مختصر يشتمل على أصول الأدلة الحديثية للأحكام الشرعية حررته تحريرا بالغا ليصير من يحفظه من بين أقرانه نابغًا ويستعين به الطالب المبتدئ ولا يستغني عنه الراغب المنتهي.

وقد بينت عَقِيْبِ كل حديث من أخرجه من الأئمة لإرادة نصح الأمة.

- فالمراد بالسبعة: أحمد والبخاري ومسلم وأبو داود والنسائي والترمذي وابن ماجة.
- وبالستة مَن عدا أحمد.
- وبالخمسة من عدا البخاري ومسلم وقد أقول الأربعة وأحمد.
- وبالأربعة من عدا الثلاثة الأول.
- وبالثلاثة من عداهم والأخير
- وبالمتفق: البخاري ومسلم وقد لا أذكر معهما وما عدا ذلك فهو مبين.

وسميته (بُلُوغُ الْمَرَامِ مِنْ أَدِلَّةِ الأَحْكَام) والله أسأله أن لا يجعل ما علمناه علينا وبالًا وأن يرزقنا العمل بما يرضيه سبحانه وتعالى.

***

١ - كتاب الطهارة

١ - باب المياه

١ - عن أبي هُرَيْرَة رضي الله عنه قال : قال رسولُ الله صلى الله عليه وسلم في البَحْرِ : هُوَ الطَّهُورُ ماؤُه الحِلُّ مَيْتَتُهُ. أخرجهُ الأربعةُ [62] وابنُ أبي شَيْبَةَ واللفظُ لَهُ وصححهُ ابنُ خُزيمةَ والترمذي ورواه مالك والشافعي وأحمد.

| التعليق |

حديث صحيح. وانظر مسند الإمام أحمد رحمه الله المشرف على التحقيق الشيخ شعيب الأرنؤوط رحمه الله. أبو داود ٨٣ والنسائي ١ /٥٠ و ١٧٦ و ٧٠٧ والترمذي ٦٩ وابن ماجه ٣٨٦ و٣٢٤٦ وابن أبي شيبة ١٣١ وابن خزيمة ١١١ والموطأ ١\٢٢ وأحمد ٧٢٣٣.

* سمي الكتاب كتابا لأن هذا الكتاب يجمع مسائل.
* الباب في اللغة هو المدخل إلى الشيء.
* المياه جمع ماء.
* هذا الحديث يدل على وجوب الرجوع إلى علماء الملة يعني أهل العلم.
* تأكل حيوانات البحر التي لا تعيش إلا في البحر.
* هذا الحديث يدل على فضل العلم لأن من لا يعرف سيرجع إلى أهل العلم.

[62] الأربعة يعني أبو داود والنسائي والترمذي وابن ماجة.

* أبو هريرة الدوسي وهو صحابي واسمه عبد الرحمن بن صخر وقد اختلف في اسمه.وقال البخاري روى عنه أكثر من ثمانمائة رجل.

* وفي سنن أبي داود سَأَلَ رَجُلٌ النَّبِيَّ صلى الله عليه وسلم فَقَالَ يَا رَسُولَ اللَّهِ إِنَّا نَرْكَبُ الْبَحْرَ وَنَحْمِلُ مَعَنَا الْقَلِيلَ مِنَ الْمَاءِ فَإِنْ تَوَضَّأْنَا بِهِ عَطِشْنَا أَفَنَتَوَضَّأُ بِمَاءِ الْبَحْرِ فَقَالَ رَسُولُ اللَّهِ صلى الله عليه وسلم: هُوَ الطَّهُورُ مَاؤُهُ الْحِلُّ مَيْتَتُهُ.

* هذا حديث عظيم وقال حافظ ابن ملقن عن هذا الحديث: أصل من أصول الطهارة.

* وقال الشافعي رحمه الله: هذا الحديث نصف علم الطهارة.

* و سنشرح بإذن الله تعالى هذا الحديث بأحاديث أخرى إن شاء الله تعالى.

***

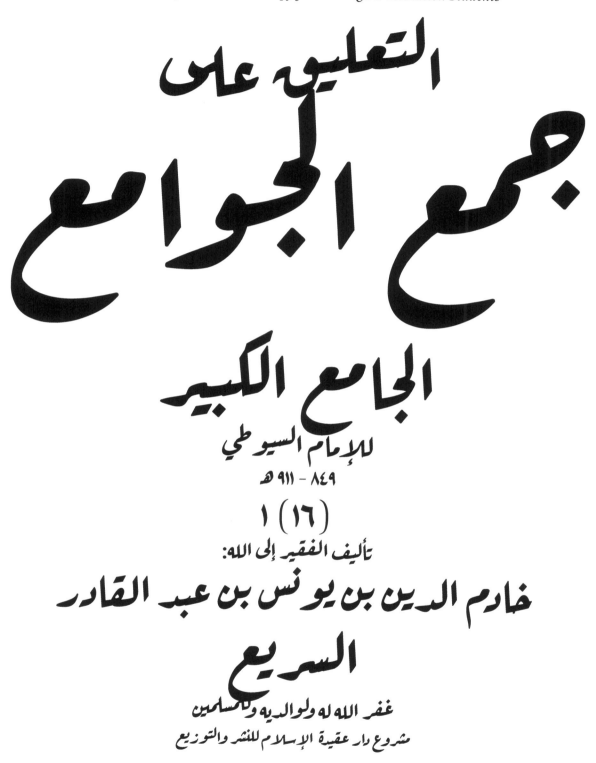

التعليق على

جمع الجوامع

الجامع الكبير

للإمام السيوطي

٨٤٩ - ٩١١ هـ

(١٦) ١

تأليف الفقير إلى الله:

خادم الدين بن يونس بن عبد القادر

السريع

غفر الله له ولوالديه وللمسلمين

مشروع دار عقيدة الإسلام للنشر والتوزيع

جمع الجوامع المعروف بالجامع الكبير

للإمام جلال الدين السيوطي رحمه الله تعالى

٨٤٩ - ٩١١ هـ

المجلد الأول

بسم الله الرحمن الرحيم

القسم الأول

الأقوال

[حرف الهمزة]

ذكر الهمزة مع الألف

١ - (صحيح) آتِي باب الجنة فأَسْتَفْتِح فيقول الخازنُ مَن أنت فأقول محمدٌ فيقول بك أُمرتُ أن لا أفتح لأحد قبلك.

(التعليق)

إسناده صحيح على شرط مسلم (الشيخ شعيب الأرنؤوط رحمه الله المشرف على تحقيق مسند الإمام أحمد). أخرجه أحمد (١٢٣٩٧) وصحيح مسلم ٤٠٦ | ٣٣٣ (١٩٧) |. وأخرجه أيضًا: ابن منده فى

الإيمان (٢/٨٣٨ رقم ٨٦٧) وأبو عوانة (١/١٣٨ رقم ٤١٨) وكتاب الجامع الصغير وزيادته والسلسلة الصحيحة ٧٧٤. والبغوي ٤٣٣٩.

* وفي مسند الإمام أحمد - حدثنا هاشم حدثنا سليمان عن ثابت عن أنس بن مالك قال قال رسول الله: الحديث.

* (**باب الجنة**) أبواب النار سبعة وأبواب الجنة ثمانية.

* كل باب لعمل. هناك باب للصائمين وهو الريان. أبو بكر الصديق رضي الله عنه يدعى من الأبواب كلها.

[63]***

[63] *English Comments: Paradise is the final abode for the Muslim. It is a place where the person will never die and enjoy eternally. This narration indicates towards the fact that the door of Paradise will be opened for our beloved Prophet Muhammad (may Allah's peace and blessings be upon him).*

التعليق على اللؤلؤ والمرجان فيما اتفق عليه الشيخان

(١٧) ١

شيخ المحققين محمد فؤاد عبد الباقي رحمه الله

١٢٩٩ - ١٣٨٨ هـ

تأليف الفقير إلى الله:

خادم الدين بن يونس بن عبد القادر

السريع

غفر الله له ولوالديه وللمسلمين

مشروع دار عقيدة الإسلام للنشر والتوزيع

- **اللؤلؤ والمرجان فيما اتفق عليه الشيخان**

بسم الله الرحمن الرحيم

مقدمة

١ - (تغليظ الكذب على رسول الله صَلَّى اللَّهُ عَلَيْهِ وَسَلَّمَ)

١ - حديث عليّ قال: قال النبيّ صَلَّى اللَّهُ عَلَيْهِ وَسَلَّمَ: لا تكذِبوا عليّ فإنه من كَذَبَ عليّ فَلْيَلِجِ النارَ

أخرجه البخاري في: ٣ كتاب العلم: ٣٨ باب إثم من كذب على النبي صَلَّى اللَّهُ عَلَيْهِ وَسَلَّمَ

|التعليق|

التجريد الصريح لأحاديث الجامع الصحيح ٩١ وصحيح البخاري ١٠٦ وسنن ابن ماجه ٣١ وجامع الترمذي ٢٦٦٠ وصحيح مسلم ١ ومسند الإمام أحمد ١٠٠٠ و١٠٠١.

* هذا الحديث يدل على تحريم الكذب على الرسول صلى الله عليه وسلم.

* الحديث الكامل في البخاري هو:

حَدَّثَنَا عَلِيُّ بْنُ الْجَعْدِ قَالَ أَخْبَرَنَا شُعْبَةُ قَالَ أَخْبَرَنِي مَنْصُورٌ قَالَ سَمِعْتُ رِبْعِيَّ بْنَ حِرَاشٍ يَقُولُ سَمِعْتُ عَلِيًّا يَقُولُ قَالَ النَّبِيُّ ﷺ: (لاَ تَكْذِبُوا عَلَيَّ فَإِنَّهُ مَنْ كَذَبَ عَلَيَّ فَلْيَلِجِ النَّارَ) رواه البخاري ١٠٦.

* هذا الحديث هو تحت باب (باب إثم من كَذَبَ على النبي ﷺ) والإمام مسلم رحمه الله قد ذكر **(تغليظ الكذب على رسول الله صَلَّى اللَّهُ عَلَيْهِ وَسَلَّمَ)**.

* الكذب على النبي ﷺ كبيرة من كبائر الذنوب وهناك وعيد في هذا الحديث.

* الخطأ لا يدخل في هذا الحديث.

* هناك للأسف الشديد من يضع الأحاديث الموضوعة.

* والكذب على النبي ﷺ كالكذب على الخالق لأن والقرآن وحي والسنة وحي أيضا ﴿ **وَمَا يَنْطِقُ عَنِ الْهَوَى * إِنْ هُوَ إِلَّا وَحْيٌ يُوحَى** ﴾.

* وهذه هي طريقة المنافقين اليوم. هم يصنعون صورة باطلة للإسلام بالقصص الموضوعة ويقدمون هذه الأشياء على حبل الله وكلام سيد المرسلين.

* وهذه الطريقة هي أيضا طريقة فرقة الباطنية.

* **آيَةُ الْمُنَافِقِ ثَلَاثٌ: إِذَا حَدَّثَ كَذَبَ وَإِذَا وَعَدَ أَخْلَفَ وَإِذَا اؤْتُمِنَ خَانَ.** قال ابن حبان رحمه الله التجسس من شعب النفاق كما أن حسن الظن من شعب الإيمان. (**روضة العقلاء**).

* في كتاب عيون الأخبار [الدِّينَوري، ابن قتيبة ٢\٣١] كان ابن عبّاس يقول: الكذب فجور والنميمة سحر فمن كذب فقد فجر ومن نمّ فقد سحر.

***

التعليق على

سلسلة

الأحاديث الصحيحة

(١٨) ١

تأليف الفقير إلى الله:

خادم الدين بن يونس بن عبد القادر

السريع

غفر الله له ولوالديه وللمسلمين

مشروع دار عقيدة الإسلام للنشر والتوزيع

بسم الله الرحمن الرحيم

المستقبل للإسلام:

(١) ([64] لاَ يَذْهَبُ اللَّيْلُ وَالنَّهَارُ حَتَّى تُعْبَدَ اللاَّتُ وَالْعُزَّى). فَقالت عائشة: يا رَسُولَ اللَّهِ إِنْ كُنْتُ لأَظُنُّ حِينَ أَنْزَلَ اللَّهُ ﴿هُوَ الَّذِي أَرْسَلَ رَسُولَهُ بِالْهُدَى وَدِينِ الْحَقِّ لِيُظْهِرَهُ عَلَى الدِّينِ كُلِّهِ وَلَوْ كَرِهَ الْمُشْرِكُونَ﴾ أَنَّ ذَلِكَ تَامًّا قالَ إِنَّهُ سَيَكُونُ مِنْ ذَلِكَ مَا شَاءَ اللَّهُ) الحديث.

رواه مسلم وغيره وقد خرجته في تحذير الساجد من اتخاذ القبور مساجد (ص ١٢٢). وأخرجه الحافظ الداني في ((الفتن)) ق ٥٨-٥٩.

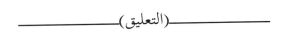

———(التعليق)———

صحيح مسلم ٢٩٠٧.

[64] حَدَّثَنَا أَبُو كَامِلٍ الْجَحْدَرِيُّ وَأَبُو مَعْنٍ زَيْدُ بْنُ يَزِيدَ الرَّقَاشِيُّ (وَاللَّفْظُ لأَبِي مَعْنٍ) قالا حَدَّثَنَا خَالِدُ بْنُ الْحَارِثِ حَدَّثَنَا عَبْدُ الْحَمِيدِ بْنُ جَعْفَرٍ عَنِ الأَسْوَدِ بْنِ الْعَلاَءِ عَنْ أَبِي سَلَمَةَ عَنْ عَائِشَةَ قَالَتْ سَمِعْتُ رَسُولَ اللَّهِ صلى اللَّهِ عليه وسلم يَقُولُ (لاَ يَذْهَبُ اللَّيْلُ وَالنَّهَارُ حَتَّى تُعْبَدَ اللاَّتُ وَالْعُزَّى). فَقُلْتُ يا رَسُولَ اللَّهِ إِنْ كُنْتُ لأَظُنُّ حِينَ أَنْزَلَ اللَّهُ (هُوَ الَّذِي أَرْسَلَ رَسُولَهُ بِالْهُدَى وَدِينِ الْحَقِّ لِيُظْهِرَهُ عَلَى الدِّينِ كُلِّهِ وَلَوْ كَرِهَ الْمُشْرِكُونَ) أَنَّ ذَلِكَ تَامًّا قالَ (إِنَّهُ سَيَكُونُ مِنْ ذَلِكَ مَا شَاءَ اللَّهُ ثُمَّ يَبْعَثُ اللَّهُ رِيحًا طَيِّبَةً فَتَوَفَّى كُلَّ مَنْ فِي قَلْبِهِ مِثْقَالُ حَبَّةِ خَرْدَلٍ مِنْ إِيمَانٍ فَيَبْقَى مَنْ لاَ خَيْرَ فِيهِ فَيَرْجِعُونَ إِلَى دِينِ آبَائِهِمْ).

* هذا الحديث مذكور في الجامع الصغير وزيادته لعبد الرحمن بن أبي بكر جلال الدين السيوطي رحمه الله .

* لا يذهب اللّيل والنّهار يعني لا ينقطع الزّمان ولا يأتي يوم القيامة.

* هذا الحديث في الفتن (باب لا تقوم الساعة حتى تعبد دوس ذا الخلصة).

* هذا الحديث النبوي لا يدل على أن الدين ينقطع لأن الإسلام يبقى حتى تقوم الساعة ولكن الإسلام بدأ غريباً وسيعود غريباً كما بدأ فطوبى للغرباء.

* وهذا الحديث الشريف دليل من السنة الصحيحة على أن الشرك يدخل الأمة قبل نهاية العالم.

* وهذه العلامة هي من العلامات الصغرى.

* هذه الآية الكريمة تدل على أن هذا الدين الحنيف منصور وأن هذا الدين وهو دين التوحيد منصور وأن المستقبل للإسلام.

65
***

---

[65] *The Prophet (may Allah's peace and blessings be upon him) would speak about the future and it would occur. Everything the Prophet (may Allah's peace and blessings be upon him) has told us has already happened or is happening now or it is going to happen. The Prophet (may Allah's peace and blessings be upon him) does not speak from his own desires. The Prophet (may Allah's peace and blessings be upon him) has told us about polytheism. This narration indicates that polytheism and idol worship will return once again. The Prophet (may Allah's peace and blessings be upon him) has spoken the truth as this is happening now.*

الكنز والتكرار التعليق على أحاديث النبي المختار

Primary English Edition & Copy for Our Higher Education Students

التعليق على الجامع الكامل

في

الحديث الصحيح الشامل

لأبي أحمد محمد عبد الله الأعظمي

رحمه الله

(١٩) ١

تأليف الفقير إلى الله:

خادم الدين بن يونس بن عبد القادر السريع

غفر الله له ولوالديه وللمسلمين

مشروع دار عقيدة الإسلام للنشر والتوزيع

التعليق على الجامع الكامل في الحديث الصحيح الشامل

المرتب على أبواب الفقه

بسم الله الرحمن الرحيم

١ - كتاب الوحي

١ - باب إنما الأعمال بالنيات

١. عن عُمَرَ بْنَ الْخَطَّابِ رضي الله عنه عَلَى الْمِنْبَرِ [66] قَالَ: سَمِعْتُ رَسُولَ الله صلى الله عليه وسلم يَقُولُ (إِنَّمَا الأَعْمَالُ بِالنِّيَّاتِ وَإِنَّمَا لِكُلِّ امْرِئٍ مَا نوى فَمَنْ كَانَتْ هِجْرَتُهُ إِلَى دُنْيَا يُصِيبُهَا أَوْ إِلَى امْرَأَةٍ [67] يَنْكِحُهَا فَهِجْرَتُهُ إِلَى مَا هَاجَرَ إِلَيْهِ)[68].

متفق عليه رواه البخاري في كتاب كيف بدء الوحي (١) عن الْحُمَيْدِيُّ عَبْدُ اللهِ بْنُ الزُّبَيْرِ قَالَ حَدَّثَنَا [69] سُفْيَانُ قَالَ حَدَّثَنَا [70] يَحْيَى بْنُ سَعِيدٍ الأَنْصَارِيُّ قَالَ: أَخْبَرَنِي مُحَمَّدُ بْنُ إِبْرَاهِيمَ التَّيْمِيُّ: أَنَّهُ سَمِعَ عَلْقَمَةَ بْنَ وَقَّاصٍ اللَّيْثِيَّ يقول سَمِعْتُ عُمَرَ بْنَ الْخَطَّابِ رضي الله عنه عَلَى الْمِنْبَرِ [71] قَالَ: سَمِعْتُ رَسُولَ الله صلى الله عليه وسلم يَقُولُ...فذكر الحديث.

(التعليق)

---

[66] يقول.
[67] أو امرأة.
[68] صحيح مسلم (١٩٠٧\١٥٥).
[69] عن.
[70] عن.
[71] يقول.

* هذا الحديث يذكره العلماء في بداية شروحهم والدروس ويحفظ هذا الحديث كل طالب العلم.

* هذا الحديث يبين أن الأعمال المقبولة هي مقبولة بنية خالصة.

* الأعمال المردودة هي التي تخالف الشرع.

* كل عمل له نية. والنية هي للوضوء والصلاة والزكاة والصوم والحج وجميع الأعمال الصالحة. والله تعالى أعلم.

الحديث صحيح. رواه البخاري ١ ومسلم ١٩٠٧ وأبو داود ٢٢٠١ والنسائي ١\٥٨ - ٦٠ والترمذي ١٦٤٧ وابن ماجه ٤٢٢٧ والأربعون النووية وعمدة الأحكام ١.

* القرآن متواتر وأما السنة فإن أقسام الحديث قد شرحت في كتب المصطلح.

* هناك علاقة مهمة وكبيرة بين هذا الحديث وبين كتاب الطهارة.

[72]***

[72] *This narration is authentic and has been narrated in a number of works. There is no action except with intention. In terms of the action then one must understand there is an internal and external element. In terms of the actions of a Muslim then one must understand that there is an internal and external element. The internal action is the intention and the external action is that it is in accordance to the legislation.*

الكنز والتكرار

التَّعلِيقُ عَلَى أَحَادِيثِ النَّبِيِّ المُخْتَار

The Treasure & Repetition 1

Comments on the Narrations of the Chosen Prophet ﷺ

الفقير إلى الله

خادم الدين بن يونس بن عبد القادر السريع

غفر الله له ولوالديه وللمسلمين

مشروع دار عقيدة الإسلام للنشر والتوزيع
Modular Education For Higher Madrassah Academic Development & Thinking.
The Academic *alamiyyah* Seminary Programmes & Title Certification. *Arabic Language & Theological Studies*

Printed in Poland
by Amazon Fulfillment
Poland Sp. z o.o., Wrocław